उड़ान की ज़िद

रियल एस्टेट से सपनों को हक़ीक़त बनाने का सफ़र

AF657934

लेखक

विनय यादव

सीईओ ऑफ रियल मेकर

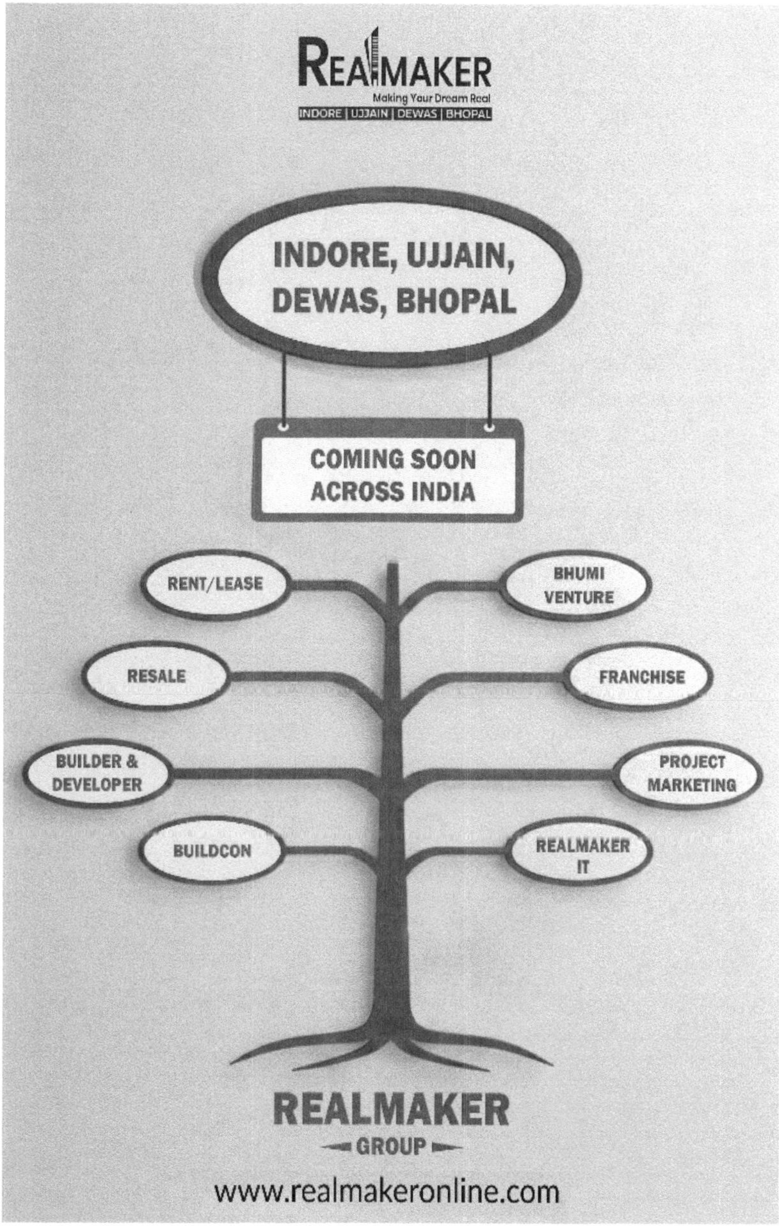
REALMAKER
Making Your Dream Real
INDORE | UJJAIN | DEWAS | BHOPAL
INDORE, UJJAIN, DEWAS, BHOPAL
COMING SOON ACROSS INDIA
RENT/LEASE
BHUMI VENTURE
RESALE
FRANCHISE
BUILDER & DEVELOPER
PROJECT MARKETING
BUILDCON
REALMAKER IT
REALMAKER
GROUP
www.realmakeronline.com

अनुक्रमणिका

समर्पण

यह पुस्तक मेरे जीवन, मेरी सोच और मेरे संघर्षों से जन्मी उस यात्रा का परिणाम है, जिसकी जड़ें गहरी ज़मीन में हैं और जिसकी नज़र दूर क्षितिज तक जाती है। यह प्रस्तावना केवल कुछ नामों को याद करने का प्रयास नहीं है, बल्कि उन सभी रिश्तों, मूल्यों और अनुभवों के प्रति मेरा विनम्र आभार है, जिन्होंने मुझे एक साधारण इंसान से ज़िम्मेदारी समझने वाला व्यक्ति बनाया।

सबसे पहले यह पुस्तक मैं अपने **दादा जी श्री रामचरण यादव, ताऊ जी श्री ब्रजबिहारी यादव, माता जी श्रीमती शीला यादव, पिता जी श्री हरिकिशन यादव और अपने पूरे परिवार** को समर्पित करता हूँ। इन सभी ने अभावों में भी मुझे संस्कारों की कमी महसूस नहीं होने दी। उन्होंने सिखाया कि ज़िंदगी चाहे जितनी ऊँचाई दे दे, इंसान को अपने पैर हमेशा ज़मीन पर ही रखने चाहिए। उन्होंने मेहनत, ईमानदारी और

धैर्य का अभ्यास हर दिन मुझे सिखाया। उन्हीं संस्कारों का असर है कि मुझे जीवन में सफलता और उपलब्धियाँ मिलीं, फिर भी मैंने स्वयं को कभी उनसे बड़ा नहीं माना। जीवन में कई बार भटकाव और भ्रम आए, लेकिन माता-पिता द्वारा दिए गए मूल्य हमेशा मेरे लिए एक अंदरूनी दिशा-सूचक बने रहे और मुझे टूटने नहीं दिया।

दादा जी से मुझे जीवन को देखने की दृष्टि मिली। उनकी बातें केवल पुराने समय की कहानियाँ नहीं थीं, बल्कि अनुभवों से भरी सीख थीं। उनकी बातों में धैर्य था, संघर्ष को स्वीकार करने की समझ थी और समय के साथ चलने का विवेक था। उन्होंने सिखाया कि हर जीत को दिखावे की ज़रूरत नहीं होती और हर हार जीवन का अंत नहीं होती। आज भी जब किसी निर्णय के सामने खड़ा होता हूँ, तो उनकी सीख मुझे भीतर से रास्ता दिखाती है।

यह पुस्तक मैं अपने उन सभी शिक्षकों को भी समर्पित करता हूँ, जिन्होंने मेरे बचपन में ही मुझमें उपस्थित संभावनाओं को पहचाना। उन्होंने अंकों से आगे जाकर मेरे भीतर छिपे आत्मविश्वास को जगाया। जब हालात कठिन थे और संसाधन सीमित थे, तब शिक्षकों का दिया भरोसा मेरे लिए ऐसी पूँजी बना, जिसे कोई छीन नहीं सकता। उन्होंने मुझे यह सिखाया कि सीखना केवल किताबों से नहीं, बल्कि जीवन के अनुभवों से भी होता है। आज जो भी अनुशासन, स्पष्ट सोच और समझ मेरे भीतर है, उसकी नींव उन्हीं शिक्षकों ने रखी।

यह पुस्तक इंदौर में मिले मेरे रियल एस्टेट गुरुओं (मेंटर) को भी समर्पित है, जिनसे मैंने केवल सेल्स की तकनीक नहीं सीखी, बल्कि जीवन की सही दिशा समझी। उन्होंने मुझे बताया कि सेल्स किसी को मनाने की कला नहीं, बल्कि विश्वास जीतने की प्रक्रिया है। उन्होंने यह भी सिखाया कि हर सौदा केवल मुनाफ़े का मामला नहीं होता, बल्कि उसके पीछे किसी की मेहनत की कमाई और भविष्य के सपने जुड़े होते हैं। उनसे मिली यह सोच मेरे काम की आत्मा बन गई, जहाँ ईमानदारी कोई रणनीति नहीं, बल्कि स्वभाव है। साथ ही यह पुस्तक उन सभी बिल्डरों, किसानों और भूस्वामियों को भी समर्पित है, जिन्होंने मुझ पर भरोसा किया और अपनी संपत्ति का एक हिस्सा मुझे व्यवसाय के लिए सौंपा। मैं इन सभी का हृदय से आभारी हूँ।

यह प्रस्तावना मेरे भाई और साथी श्री दिनेश यादव जी को भी समर्पित है, जिनके साथ मैंने संघर्ष के दिन साझा किए। जब रास्ते साफ़ नहीं थे और अवसर अनिश्चित थे, तब उनका साथ मेरे लिए हिम्मत बना। आज भी हमारी मित्रता उतनी ही सच्ची है, क्योंकि वह स्वार्थ से नहीं, बल्कि संघर्ष की साझेदारी से बनी है। ऐसे साथी जीवन में बहुत कम मिलते हैं, और जब मिलते हैं, तो सफ़र आसान और अर्थपूर्ण बन जाता है।

यह पुस्तक मैं अपनी Real Maker की टीम को भी समर्पित करता हूँ। उन सभी लोगों को, जिन्होंने Real Maker को केवल एक ब्रांड नहीं, बल्कि भरोसे की पहचान बनाया। हर सदस्य ने अपनी भूमिका को केवल काम नहीं, बल्कि ज़िम्मेदारी समझा। उनके बिना यह यात्रा इतनी दूर तक पहुँच पाना संभव नहीं था। कोई भी सपना अकेले पूरा नहीं होता, उसे पूरा करने के लिए विश्वास करने वाले लोग चाहिए होते हैं। Real Maker मेरे लिए केवल एक संगठन नहीं, बल्कि साझा सोच और साझा मूल्यों का एक जीवंत परिवार है।

यह प्रस्तावना उन सभी अनाम लोगों को भी समर्पित है, जिनके नाम यहाँ नहीं लिखे गए हैं, लेकिन जिनकी मौजूदगी हर मोड़ पर महसूस हुई। किसी ने सलाह दी, किसी ने सवाल उठाए, किसी ने आलोचना की और किसी ने चुपचाप साथ दिया। जिसने भी किसी भी रूप में मुझे आगे बढ़ने की प्रेरणा दी, उसने इस यात्रा को आकार दिया।

अंत में, यह पुस्तक उस विचार को समर्पित है कि सफलता केवल एक मंज़िल नहीं, बल्कि एक लगातार चलने वाली प्रक्रिया है। रियल एस्टेट मेरे लिए केवल व्यापार नहीं, बल्कि एक ज़िम्मेदारी है। इंसान की असली पहचान उसके सौदों से नहीं, उसके संस्कारों से होती है। Real Maker केवल एक ब्रांड नहीं, बल्कि विश्वास पर खड़ा एक ऐसा संगठन है, जिसने कई ऊँचाइयाँ छुई हैं और आगे भी कई ऊँचाइयाँ इसकी प्रतीक्षा कर रही हैं।

यह पुस्तक मेरी ओर से उन सभी हाथों को नमन है, जिन्होंने मुझे गिरने पर संभाला, चलना सिखाया और सही दिशा दिखाई। कुछ नाम लिखे गए हैं, कुछ दिल में बसे हैं, लेकिन इस यात्रा में योगदान सबका है और

मेरा आभार भी सबके लिए है। इसी क्रम में, मैं विशेष रूप से श्री सतीश शर्मा जी का धन्यवाद करता हूँ, जिनकी प्रेरणा से इस पुस्तक को लिखने का साहस और दिशा दोनों मिले।

अंत में मैं ब्लिस्स बुक पब्लिशिंग कंपनी के श्री मनोज सोनवाने जी और श्री हेमसिंह पटले जी का इस किताब के पब्लिकेशन एवं श्री पंकज वसंत जाधव का इस किताब लेखन की यात्रा में मार्गदर्शन के लिए धन्यवाद करता हूँ।

लेखक परिचय

मेरा बचपन और किशोरावस्था तक का जीवन संघर्ष, परिश्रम और आत्मविश्वास की कहानी है। मेरा जन्म मध्य प्रदेश के छतरपुर ज़िले की बड़ामलेहरा तहसील के एक छोटे से गाँव सेंधखुरी में हुआ। एक जमीदार परिवार में जन्म के बाद भी परिस्थितियों वश मुझे एक साधारण परवरिश ही प्राप्त हो पाई। मैंने बचपन से ही अभावों और कठिन परिस्थितियों का सामना किया। सीमित संसाधन, गाँव में पानी की कमी और परिवार में आर्थिक तंगी के बीच मैंने जीवन की सच्चाइयों को बहुत करीब से जाना-समझा। मेरे पिता ने परिवार का भरण-पोषण करने के लिए कभी छोटे-मोटे व्यवसाय किए, तो कभी अपने ही खेतों में काम भी किया, जिससे मुझे श्रम का वास्तविक मूल्य और जीवन में श्रम के महत्त्व को समझने का अवसर मिला।

बाल्यावस्था से ही मैंने जिम्मेदारियों को स्वीकार करना सीख लिया था। कम उम्र में खेतों में काम करना, पढ़ाई के साथ मेहनत करना और विपरीत हालात में भी आगे बढ़ते रहना मेरे व्यक्तित्व का हिस्सा बन गया। गाँव में किसी घर के एक छोटे से स्कूल में प्रारंभिक शिक्षा प्राप्त करते हुए मैंने अच्छे संस्कार और जीवन मूल्य सीखे। मेरे दादा जी की कहानियाँ और सीख ने मुझे बड़ा सोचने और कभी हार न मानने की प्रेरणा दी।

शैक्षणिक जीवन में भी मैंने चुनौतियों का सामना किया। जहाँ अधिकांश लोग आसान रास्ता चुनने की सलाह देते थे, वहीं मैंने गणित और विज्ञान जैसे कठिन विषयों का चयन किया। विषय विशेषज्ञ के आभाव और कम अंकों के बावजूद मैंने आत्मविश्वास नहीं खोया और निरंतर प्रयास से आगे बढ़ते रहा। उच्च शिक्षा के लिए छतरपुर आकर सीमित साधनों में रहकर पढ़ाई करना मेरे दृढ़ संकल्प को दर्शाता है।

आज मैं अपने अनुभवों और संघर्षों के आधार पर युवाओं को प्रेरित करने वाले लेखक और मार्गदर्शक के रूप में पहचान बना पाया हूँ। मेरा

जीवन आने वाले युवाओं के लिए एक संदेश है कि परिस्थितियाँ चाहे कितनी भी कठिन क्यों न हों, सच्ची मेहनत, धैर्य और सकारात्मक सोच से सफलता अवश्य प्राप्त की जा सकती है।

प्रस्तावना / पुस्तक परिचय

'उड़ान की जिद' केवल एक वाक्य नहीं है, यह जीवन जीने का एक दृष्टिकोण है। इसमें छिपा भाव हमें यह सिखाता है कि जब इंसान अपने सपनों के लिए पूरी ईमानदारी और दृढ़ निश्चय के साथ खड़ा हो जाता है, तब कोई भी परिस्थिति उसे आगे बढ़ने से रोक नहीं सकती। यह वाक्य उन लोगों की कहानी कहता है, जिन्होंने हालात से समझौता नहीं किया, बल्कि अपनी जिद को अपनी ताकत बना लिया।

सबसे पहले हमें 'जिद' शब्द को सही अर्थ में समझना होगा। आमतौर पर जिद को नकारात्मक रूप में देखा जाता है, जैसे किसी बात पर अड़ जाना। लेकिन यहाँ जिद का अर्थ हठ नहीं है। यहाँ जिद का मतलब है - अपने लक्ष्य के प्रति अडिग रहना, अपने सपनों पर भरोसा रखना और बार-बार असफल होने के बाद भी हार न मानना। यही जिद इंसान को बार-बार उठने की ताकत देती है और आगे बढ़ते रहने का होसला देती है।

जिद वही शक्ति है जो इंसान को तब भी चलाती है, जब रास्ता कठिन हो, जब लोग साथ छोड़ दें और जब खुद पर भी संदेह होने लगे, तब यह अंदर से आने वाली आवाज़ होती है, जो कहती है, "अभी नहीं रुको, अभी और आगे जाना है।" यही जिद साधारण इंसान को असाधारण बना देती है।

अब बात करते हैं 'उड़ान' की। उड़ान का मतलब सिर्फ ऊपर उड़ना नहीं है। उड़ान का अर्थ है सीमाओं को तोड़ना, डर से ऊपर उठना और अपने लिए एक नई दिशा तय करना। उड़ान वह साहस है, जिसमें इंसान अपने हालात, अपनी कमजोरियों और अपने अतीत को पीछे छोड़कर आगे बढ़ता है। उड़ान का मतलब है - खुद पर विश्वास करना और अपने सपनों को सच करने के लिए जोखिम उठाना।

जब इंसान उड़ान भरता है, तब वह केवल आगे नहीं बढ़ता, बल्कि अपने भीतर छिपी हुई ताकत को भी पहचानता है। उड़ान हमें यह सिखाती है कि अगर इरादे मजबूत हों, तो जमीन पर खड़े होकर भी आसमान को छुआ जा सकता है।

जब 'जिद' और 'उड़ान' एक साथ आते हैं, तब एक नई अवस्था जन्म लेती है। यह वह अवस्था है, जहाँ इंसान सिर्फ सपने नहीं देखता, बल्कि उन्हें पूरा करने के लिए हर संभव प्रयास करता है। इस रास्ते में असफलताएँ आती हैं, लोग आलोचना करते हैं, कई बार हालात विपरीत हो जाते हैं, लेकिन जिद इंसान को रुकने नहीं देती और उड़ान का विचार वह हिम्मत देता है जो चलने की गति में वृद्धि का मुख्य कारक है।

'उड़ान की जिद' आत्मविश्वास का भी प्रतीक है। यह वाक्यांश विशेष रूप से किशोरों और युवाओं के लिए एक सशक्त संदेश देता है। आज के समय में, जब असफलता से डरकर लोग जल्दी हार मान लेते हैं, यह विचार सिखाता है कि गिरना गलत नहीं है, लेकिन गिरकर न उठना गलत है।

जीवन में हर व्यक्ति सपने देखता है, लेकिन हर कोई उन्हें पूरा नहीं कर पाता। इसका कारण सपनों की कमी नहीं, बल्कि धैर्य और जिद की कमी होती है। जैसे ही जीवन में मुश्किलें आती हैं, लोग अपने सपनों से समझौता कर लेते हैं। लेकिन जिनके भीतर उड़ान की जिद होती है, वे हालात से समझौता नहीं करते। वे अपने हालात को बदलने की कोशिश करते हैं।

ऐसे ही लोगों की कहानी यह पुस्तक कहती है। यह पुस्तक केवल सफलता की कहानी नहीं है, बल्कि संघर्ष, धैर्य और सही निर्णय की कहानी है। यह हमें सिखाती है कि सफलता का रास्ता सीधा नहीं होता, लेकिन सही सोच और ईमानदार प्रयास से मंज़िल जरूर मिलती है।

यह पुस्तक रियल एस्टेट जैसे विषय पर होते हुए भी सिर्फ ज़मीन और मकान की बात नहीं करती। यह पुस्तक सोच, भरोसे और ज़िम्मेदारी की बात करती है। यह बताती है कि हर सौदा सिर्फ पैसों का नहीं होता, बल्कि लोगों के सपनों और उनकी मेहनत की कमाई से जुड़ा होता है।

मैं इस पुस्तक के माध्यम से यह संदेश देना चाहता हूँ कि रियल एस्टेट केवल मुनाफ़े का व्यवसाय नहीं है। यह एक ज़िम्मेदारी है। यह ज़िम्मेदारी उन लोगों के प्रति है, जो अपनी जिंदगी की एक बड़ी पूँजी लगाकर कोई निर्णय लेते हैं। इसलिए हर सौदा सोच-समझकर होना चाहिए।

ये पुस्तक यह भी सिखाती है कि संदेह करना गलत नहीं है। सवाल करना कमजोरी नहीं, बल्कि समझदारी की पहचान है। जब तक हम सवाल नहीं करेंगे, तब तक सही और गलत में फर्क नहीं कर पाएँगे। सही निर्णय वही होता है, जिसमें दिल और दिमाग - दोनों संतुष्ट हों।

इस पुस्तक में दिए गए अनुभव, कहानियाँ और उदाहरण लेखक के स्वयं के जीवन से जुड़े हुए हैं। ये कहानियाँ यह समझाती हैं कि जल्दबाज़ी में लिया गया निर्णय नुकसान पहुँचा सकता है, जबकि सोच-समझकर लिया गया निर्णय भविष्य को सुरक्षित बना सकता है।

यह पुस्तक आत्मविश्वास बढ़ाने वाली है। यह हमें खुद पर भरोसा करना सिखाती है। जब इंसान खुद पर विश्वास करता है, तब उसकी जिद उसे सही दिशा में आगे बढ़ाती है और उसकी उड़ान ऊँचाइयों तक पहुँचती है।

अंत में, 'उड़ान की जिद' हमें यह याद दिलाती है कि सपने वही पूरे होते हैं, जिनके पीछे जिद होती है। जिद इंसान को जमीन से उठाती है और उड़ान उसे उसकी मंज़िल तक ले जाती है। यह किताब रियल एस्टेट पर खत्म नहीं होती, बल्कि ज़िम्मेदारी पर खत्म होती है - एक ऐसी ज़िम्मेदारी, जो हर उस व्यक्ति की है, जो किसी और के सपनों से जुड़ा निर्णय लेता है।

यही 'उड़ान की जिद' का असली अर्थ है - कभी हार न मानने का साहस, सही सोच और जिम्मेदार फैसलों के साथ जीवन में आगे बढ़ते रहना।

अध्याय 1: उड़ान की ज़िद "रियल एस्टेट की आत्मकथा"

सेंधखुरी के संघर्ष -

मध्य प्रदेश के छतरपुर ज़िले की बड़ामलेहरा तहसील के एक छोटे से गाँव सेंधखुरी में मेरा जन्म हुआ। 30 घरों का गाँव जिसकी आबादी लगभग 150 ही रही होगी। इस छोटे से गाँव में हमारा परिवार बड़ा था, लेकिन हमारे हालात बहुत कठिन थे। वहाँ खेती और पशुपालन ही रोज़ी-रोटी का मुख्य साधन था। लेकिन, पानी की कमी ने खेतिहर लोगों के जीवन को और मुश्किल बना दिया था। मेरे पिता जी अपने 5 भाई-बहनों में भाइयों में सबसे छोटे थे। मेरे जमीदार दादाजी की सम्पति के बटवारे में मेरे पिता जी के हिस्से में 10 एकड़ जमीन आई। लेकिन, पानी की उचित सुविधाएँ न होने से स्वयं की जमीन पर खेती करना बहुत कठिन कार्य था, इसलिए मेरे पिता छोटे-मोटे व्यवसाय करते थे।

गाँव में बिमारियों के कारण बाल-मृत्यु बहुत आम बात थी। इसलिए हमारे परिवार में ऐसा माना जाता है कि मेरे जीवित रहने के पीछे मेरे पूजनीय दादा जी की प्रार्थनाओं का बहुत बड़ा हाथ है। मेरे दादा जी जो की अपने समय के सबसे अधिक शिक्षित व बुद्धिजीवी व्यक्ति थे, वे बद्रीनाथ की कठिन यात्रा पर गए और वहाँ उन्होंने मेरे जीवन में मंगल और मेरे सुनहरे भविष्य के लिए ईश्वर से प्रार्थना की। मेरे माता-पिता ने कठिन परिस्थितियों के बावजूद भी अच्छे से लालन-पालन के लिए हर संभव प्रयास किए।

बचपन से ही मैंने संघर्ष देखा। चार - पाँच साल की उम्र में ही मैंने अपने पिता के साथ खेतों में काम करना शुरू कर दिया था। गाँव में जो स्कूल था वह किसी के घर में चलता था और वहाँ केवल पांचवी कक्षा तक ही पढ़ाई संभव थी, बारिश में उस छोटे से घर में स्कूल से हम छात्रों को बहुत परेशानी होती थी। लेकिन, मुझमें उच्च संस्कारों का संचार उस गाँव की स्कूल से की विकसित हुआ। पढ़ाई के साथ-साथ खेती के काम

करना मेरे जीवन के दो मुख्य कार्य थे। छुट्टियों में जहाँ बाकी बच्चे खेलते थे, वहाँ मैं खेतों में अपने पिता का हाथ बटाता था।

दादा जी की कहानियाँ और उनके दिए हुए संस्कारों ने भी मुझे बड़ा सोचने की प्रेरणा दी। उनकी कहानियों से मैंने सीखा कि कठिनाइयाँ इंसान को मजबूत बनाती हैं और पढ़ाई इस कठिनाइयों को आसान बना सकती है। वैसे तो मैं पढ़ाई में एक औसत छात्र था, लेकिन गणित जैसे विषयों में मेरी गहरी रुचि थी।

5वीं से आगे की पढाई के लिए मुझे बड़ामलेहरा से गुलगंज गाँव की स्कूल "सरस्वती शिशु मंदिर" में प्रवेश लेना था जो की हमारे गाँव से 5 किलोमीटर की दूरी पर था। उस स्कूल की फीस उस समय की मेरे घर की आर्थिक स्थिति के अनुसार अधिक थी, लेकिन मेरे पिता जी ने मुझे आगे पढ़ाने के लिए बढ़े ही प्रयत्नों से मेरे स्कूल जाने के लिए एक पुरानी साइकिल खरीदी और माता जी जो की इस दूर की स्कूल और हाईवे पर मेरे सायकल चलाने को लेकर बहुत चिंतित थीं, उन्होंने भी मेरी आगे की पढाई के लिए अपनी अनुमति दी।

10वीं बोर्ड की परीक्षा में मैंने पहले से अधिक मेहनत की और इस वर्ष मैंने अच्छे अंक प्राप्त किए। अब मेरी तुलना अन्य छात्रों से भी की जाने लगी। लेकिन, मैंने इन सब बातों में उलझे बिना अपनी मुश्किलों के साथ आगे बढ़ना सीख लिया था; मैंने कभी हार नहीं मानी। 11वीं में मुझे सभी ने कला (Art) विषय लेने की सलाह दी, पर मैंने सबसे कठिन विषय - गणित और विज्ञान (PCM) - का चुनाव किया और स्वयं को विपरीत परिस्थितियों में भी अपने उज्जवल भविष्य के मार्ग पर बनाए रखा।

सार वाक्य - संघर्षों से भरे साधनहीन बचपन में मिली संस्कारों की पूँजी और शिक्षा की लगन ने मुझे आगे बढ़ना सिखाया। कठिन परिस्थितियों के बावजूद सही निर्णय, मेहनत और विश्वास ही मेरे उज्ज्वल भविष्य की नींव बने।

अध्याय 2: जब डर मेरा पहला गुरु बना

ज़िंदगी में कुछ फैसले साहस से नहीं लिए जाते और कुछ डर से लिए जाते हैं। मेरा एक डर से लिया गया फैसला भी ऐसा ही था।

मैंने बारहवीं की परीक्षा दे दी थी, लेकिन दिल में कोई खुशी नहीं थी। भीतर कहीं यह डर बैठा था कि मेरे अंक उम्मीदों पर खरे नहीं उतरेंगे। घरवालों के ताने, रिश्तेदारों की निगाहें और असफलता की चुप्पी - इन सबका डर मुझे रिज़ल्ट से पहले ही तोड़ने लगा था। मैं अपनी क्षमताओं से नहीं, बल्कि अपनी अपेक्षाओं की वजह से डर रहा था। और इसी डर ने मुझे घर छोड़ने का विचार करने पर मजबूर कर दिया। मैंने तय कर लिया था कि रिज़ल्ट आने से पहले ही गाँव छोड़ देना है। इसलिए नहीं कि मैं बहादुर नहीं था, बल्कि इसलिए कि मैं टूटने से डरता था। कोचिंग का बहाना बनाकर मैंने इंदौर जाने की अनुमति ली। परिवार ने भरोसा किया - उन्हें लगा मैं भविष्य बनाने जा रहा हूँ, जबकि सच यह था कि मैं भविष्य से भाग रहा था। लेकिन किस्मत ने उस डर को झूठा साबित कर दिया - मैं ठीक-ठाक अंकों से बारहवीं की परीक्षा में पास हो गया।

इंदौर के संघर्ष –

बहुत विचार करने और अपने परिजनों से चर्चा करने के बाद मैंने अपने बड़े पिता जी के पुत्रों मेरे बड़े भाइयों आनंद यादव व प्रशांत यादव के पास इंदौर आने का निर्णय लिया। आनंद यादव जी रिश्ते में मेरे बड़े भाई हैं और उस समय वे इंदौर में रह कर पीएमटी की तैयारी कर रहे थे। इसलिए, 12वी के बाद मेरे माता-पिता ने मुझे भी सरकारी नौकरी पाने के लिए दी जाने वाली प्रतिस्पर्धा परीक्षा की तैयारी के लिए इंदौर आने की अनुमति प्रदान की। इस प्रकार मैं आठ मई दो हजार सोलह (08/05/2016) को पहली बार इंदौर शहर में आया। यह शहर मेरे लिए अवसरों का शहर था। मैंने इस शहर में आने से पहले ही बहुत से सपने बुनने शुरू कर दिए थे और जब मैं पहली बार यहाँ आया तो किसी भी अन्य साधारण परिवार से और एक छोटे गाँव से आने वाले नवयुवक की

तरह मैं भी इस भव्य और मोहक शहर के आकर्षण से बहुत प्रभावित हुआ। यहाँ आकर मुझे पूर्ण विश्वास हो गया था कि यह शहर मेरे सपनों को अवश्य ही साकार करेगा और मैंने जल्द ही अपनी मंजिल पाने का रास्ता तलाशना आरंभ कर दिया।

सबसे पहले मैंने पुलिस की परीक्षा के लिए अपनी तैयारी करने का मन बनाया और साथ ही साथ अपने स्वयं के खर्चे चलाने के लिए किसी नौकरी की तलाश भी शुरू कर दी। मैं स्वयं के लिए अखबार खरीद नहीं सकता था, इसलिए मेरे रूम के पड़ोस में जो अन्य बच्चे अखबार बुलाते थे मैं उनसे अखबार लेकर उस में नौकरी के विज्ञापन देखकर साक्षात्कार (इंटरव्यू) के लिए जाया करता था। मेरे पास स्मार्टफोन नहीं था, माँ का पुराना कीपैड फोन ही मेरी दुनिया था। पैसे इतने नहीं थे कि खुद का फोन ले सकूँ।

मैं इस बड़े शहर में बिना परिचय, बिना अनुभव और बिना किसी मार्गदर्शक के मार्ग तलाशने के एक कठिन और बहुत ही जटिल अनुभव से होकर गुजर रहा था। मेरे द्वारा खोजे जाने वाले विज्ञापनों में से सबसे पहला विज्ञापन एक एम.एल.एम. या नेटवर्क मार्केटिंग का था। विज्ञापन में दिए गए मोबाइल नंबर पर कॉल करने पर कंपनी से जुड़े एक व्यक्ति ने मुझे एक सेमीनार में उपस्थित होने के लिए बुलाया। मैंने अपने बड़े भाई आनंद जी से पता समझा और सार्वजानिक परिवहन की एक मिनी बस से दस रूपए का किराया लगाकर उनके बताए हुए पते पर पहुँचा। मैंने सेमीनार अटेंड किया और उस मल्टी-लेवल मार्केटिंग सेमीनार के प्रेजेंटेशन से मैं पूरी तरह ऊर्जा से भर गया और मैंने मल्टी-लेवल मार्केटिंग को करियर के रूप में चुनने का फैसला किया।

बस यहाँ से मेरे साथ किस्मत, अवसर और समय की बर्बादी का चक्र शुरू हुआ। समय बितने के साथ-साथ मुझे समझ आया की मल्टी-लेवल मार्केटिंग की अलग-अलग स्कीम, जॉब एजेंट्स के लुभावने प्रलोभन और भविष्य बनाने वाले यंत्र या किस्मत का ताला खोल देने वाले प्रोडक्ट्स यह सब मेरे लिए उचित दिशा से भटकाने वाले नए-नए रुपों के नाम हैं। वहाँ सपनों की बातें थीं - करोड़ों की कमाई, बड़ी गाड़ियाँ, बदली हुई ज़िंदगी। पर जल्द ही इन सब का सच मेरे सामने आ गया -

बड़ी-बड़ी फीस, महंगे प्रोडक्ट खरीदने की शर्तें यह सब मेरे लिए नहीं था। उस दिन मैंने सीखा कि प्रेरणा अगर सच्चाई से खाली हो, तो वह भ्रम बन जाती है।

इन सब से अगल हटकर मैंने वोडाफोन सिम बेचने की नौकरी में दुकान-दुकान भटकना आरंभ किया। लेकिन, मेरे सपनों ने मुझे वहाँ भी ठहरने नहीं दिया और फिर ज़िंदगी मुझे रियल एस्टेट तक ले आई।

यहाँ भी लोगों ने डराया - "यह दलाली का काम है।", "यहाँ झगड़े होते हैं।", "इज़्ज़त नहीं मिलेगी।" लेकिन मेरे भीतर कुछ था जो कह रहा था - यहीं रुका जाए।

छह महीने तक मैंने बिना किसी सहारे के रियल एस्टेट की फील्ड में काम किया। सड़क पर पैम्फलेट बाँटे, संभावित ग्राहकों से बात की, लोगों को प्लॉट के बारे में समझाया। मेरी मेहनत और लगन को देखकर लोग मुझे दया की नजर से देखते थे। क्योंकि मेरे पास उन दिनों में कोई रिजल्ट नहीं था, मतलब मैं कंपनी को कोई ग्राहक नहीं दे पाया था। इसलिए कंपनी के अन्य सदस्य कहते थे - "बेचारा, बहुत मेहनत करता है, पर किस्मत साथ नहीं देती।"

राखी के पर्व पर जब मैं घर गया तो मेरे मध्य प्रदेश पुलिस की परीक्षा में पास न होने की व मेरे रियल एस्टेट में एजेंट बनकर काम करने वाली बात मेरे परिवार में पता चल गयी। मेरे घर के लोग ठहरे जमीदार परिवार से इसलिए जमीन में एजेंट बनकर काम करने को अच्छी नज़र से नहीं देखा गया और वे इस बात से टूट गए। इस बात के लिए उनकी विशेष सलाह थी कि अब मैं गाँव में ही रहूँ और अपने पिता जी की उनके काम में सहायता करूँ। माता-पिता ने कहा - "हमने सोचा था तुम पढ़ रहे हो।", "हमने तुम पर भरोसा किया।", "तुमने हमारा पैसा बर्बाद कर दिया।", इत्यादि।

उस रात मेरे सामने दो रास्ते थे, या तो वापस इंदौर लौट जाऊँ, या गाँव में रहकर ही खुद को साबित करूँ।

मैंने दूसरा रास्ता चुना। माँ से सिर्फ बस का किराया लिया और फिर मैं इंदौर लौट आया। मैंने तय कर लिया था - अब कुछ बनकर ही घर लौटूँगा। आने के बाद भी मैंने कई दिनों तक बिना फल की चिंता किए अपनी मेहनत जारी रखी और फिर एक दिन, वह पल आया जब मेरी पहली बुकिंग हुई। अब वह दिन दूर नहीं था जब मेरी ज़िंदगी का पहला चेक आने वाला था।

इतने संघर्ष के बाद उस चेक का विचार मुझे उस आख़िरी बूँद जैसा लगा, जो प्यासे को जीवन दे देती है। मैं अंदर से रो पड़ा। पहली बार लगा - मैं गलत नहीं हूँ।

लेकिन संघर्ष यहीं नहीं रुका...

मेरे एक साथी की बाइक जो मैं उससे मांगकर कुछ काम के लिए ले गया था वह पार्किंग से गायब हो गई और उसके पैसे मुझे ही चुकाने पड़े। मैंने अपनी गलती स्वीकार की और बिना सोचे-समझे अपनी पहली कमाई उस बाइक के बदले में अपने साथी को दे दी। एक बार फिर से मैं शून्य पर आ गया।

लेकिन इस बार फर्क था। अब मेरे पास एक प्रमाण था, मैं कुछ कर सकता हूँ। बिना किसी विशेष सहायता के, बिना किसी डिग्री के। वह साल मेरी ज़िंदगी का सबसे कठिन साल था। इतना कठिन कि भगवान इस प्रकार का समय किसी के जीवन में न दे। लेकिन उसी साल ने मुझे सिखाया कि ऊर्जा न अच्छी होती है, न बुरी - वह बस ऊर्जा होती है। अगर सही दिशा में लगे, तो निर्माण करती है और गलत दिशा में लगे, तो विनाश।

अब मैंने निर्माण चुना और यही मेरी शुरुआत थी।

सार वाक्य - डर से लिया गया एक फैसला मुझे घर से दूर ले गया, लेकिन उसी फैसले ने मेरे भीतर के सच्चे संघर्ष और आत्मविश्वास को जगाया। लगातार असफलताओं के बीच मेहनत ने मुझे सिखाया कि सही दिशा में लगाई गई सकारात्मक ऊर्जा ही सही जीवन का निर्माण करती है।

अध्याय 3: संघर्ष से सफलता की ओर अग्रसर

शुरुआत - अस्थिर ज़मीन पर खड़े सपने

सामान्यतः हर संघर्ष की कहानी किसी बड़े मंच से नहीं, बल्कि छोटे कमरों, धूल भरी सड़कों और अनिश्चित दिनों से शुरू होती है। मेरी कहानी भी कुछ इस प्रकार के परिवेश से आरंभ होती है - जहाँ जेब हल्की थी, आँखों में सपने भारी थे, भविष्य धुँधला और सफलता कहीं बहुत दूर थी। उस समय न मेरे पास कोई पद था, न मेरी कोई पहचान थी और न ही कोई आर्थिक या पारिवारिक सुरक्षा कवच था। बस मैं एक नवयुवा था, जो इंदौर जैसे बड़े शहर में कुछ सपने लिए अपने लिए एक मुकाम ढूँढ रहा था। मेरी परवरिश बहुत साधारण थी, मेरा परिवेश एकदम साधारण था - शहर से बाहर आती-जाती सड़कें, खाली प्लॉट, उधार के मोबाइल और अस्थायी दफ्तर यह सब मेरे साथी थे। इन सब के बीच मेरे मन में उत्साह भी था और डर भी था। हर सुबह मेरे लिए एक नई उम्मीद लेकर आती थी और हर रात मेरे पास बहुत से सवाल छोड़ जाती थी। यही वह दौर था जब जीवन ने सिखाना शुरू किया कि सपने देखने से पहले उन्हें सँभालने की ताकत भी होनी चाहिए। यह समय मेरी सफलता का नहीं, उस निर्माण का था जो असफलताओं के बीच चुपचाप हो रहा था।

पहली ठोकर - विश्वास और नुकसान

शुरुआत में मैंने भरोसा किया अपनी टीम पर, साझेदारी पर, सामूहिक सफलता के विचार पर। लेकिन जल्दी ही यह विश्वास टूट गया। मुझे पहली टीम में ही एक धोखा मिला; टीम का एक सदस्य मेरा पहला किश्तों पर लिया हुआ मोबाइल लेकर गायब हो गया। पहले से ही मेरे पास संसाधन बहुत सीमित थे, फिर भी मैंने कभी अपना काम रोका नहीं। महीनों की मेहनत के बाद पहली बड़ी बिक्री हुई - उज्जैन रोड पर 1200 वर्गफुट का प्लॉट बेचा। इंसेंटिव जीवन बदल देने वाला था। पर तभी मेरे एक दोस्त की बाइक जो मैं उससे मांगकर किसी काम के लिए ले गया था वह चोरी हो गई और पहले इंसेंटिव से जो पैसे मेरे पास आने वाले थे वे भी उस बाइक के बदले भुकतान करने में मेरे हाथ से निकल

गए। उस समय थकान, निराशा और आँसू - सब एक साथ मुझपर टूट पड़े। मुझे ऐसा लगा जैसे मेरी यात्रा शुरू होने से पहले ही समाप्त हो रही है। उस दिन मुझे समझ आया कि ऐसी परिस्थितियों में नुकसान केवल पैसों का नहीं होता, हौसले का भी होता है। लेकिन इन ठोकरों ने मुझे रोक नहीं लिया, ये ठोकरें ही मेरे आगे बढ़ने का कारण बनी। मेरे भीतर एक युद्ध चल रहा था चाहे जो भी हो जाए बिना कुछ किए मैं वापस घर नहीं जाना चाहता था और मेरी इसी जिद ने मुझे बहुत कठिन परिस्थितियों में भी आगे बढ़ने के लिए सक्षम बनाए रखा।

सीख - लीडरशिप उधार नहीं मिलती

कुछ समय बाद छोटे-छोटे सौदे होने लगे। उसी से मैंने एक साधारण मोबाइल खरीदा और फिर से काम शुरू किया। तब एक सच्चाई सामने आई कि लीडर बनना है तो मैदान में उतरना होगा। जिसने ज़मीन की जानकारी को सही तरह से नहीं जाना, वह टीम को दिशा नहीं दे सकता। बस इसके बाद मैंने सेल्स को गहराई से सीखा, फील्डवर्क को सही मायने में समझा, ग्राहकों से बात करने का तरीका बदला और अपने शब्दों में अनुभवी शब्दों का समावेश किया। इससे मुझमें बहुत अनुशासन आया। धीरे-धीरे मैंने स्वयं 6 -7 प्लॉट बेचे। मैंने जाना कि सिस्टम धीमा था, यहाँ भुगतान देर से होता था, कंपनियों के वादे कई बार टूटते थे। फिर भी ग्राहक हम पर भरोसा करते थे। यह भरोसा ही मेरी ताकत भी था और मेरी जिम्मेदारी भी, क्योंकि हर देरी का जवाब मुझे देना पड़ता था। यही वह समय था जब मेरा चरित्र बन रहा था - किसी भी शोर के बिना, किसी भी प्रकार की प्रशंसा के बिना।

बदलाव का निर्णय - ईमानदार प्रक्रिया की तलाश

जब वादों में देरी और टूटे वादों ने मेरा मन बेचैन किया, तब मैंने बेहतर विकल्प खोजे। एक दिन एक सीनियर के मोबाइल कॉल से मुझे एक नए प्रोजेक्ट का पता चला जिसमें तैयार इंफ्रास्ट्रक्चर था, इस प्रोजेक्ट में समय पर रजिस्ट्रियाँ हो सकती थीं और इस प्रोजेक्ट में प्रक्रिया बहुत साफ़ थी। प्रोजेक्ट की लोकेशन भी परफेक्ट थी और इस प्रोजेक्ट के मालिक की बातों में मुझे ईमानदारी भी नज़र आई। पूरी तरह इस प्रोजेक्ट को समझकर मैंने एक साहसिक निर्णय लिया। इस प्रोजेक्ट से मैंने उन लोगों को साथ जोड़ा जो पहले ही धीमे सिस्टम से परेशान थे। इस प्रक्रिया में मैंने 25 से 30 युवाओं की टीम बना ली। यह टीम ऐसे

लोगों की टीम थी जो उम्र में लगभग मेरी उम्र के आस-पास ही थे और समान ऊर्जा से काम कर रहे थे। यहाँ नेतृत्व मेरे पद से नहीं बल्कि मेरे काम के उदाहरण से साबित हुआ। अब मेरे लिए सुबह जल्दी शुरू होती थी और रात देर से खत्म होती थी। ग्राहकों के द्वारा 100 में 95 बार मना होता, पर हमारी टीम की निरंतरता बनी रही। धीरे-धीरे टीम ने समझा कि सफलता अचानक नहीं आती है; वह धीरे-धीरे हमें हमारी रोज़ की मेहनत से अपनाती है।

लक्ष्य - सोच की दिशा बदलना

इसी दौर में मेरी सोच ने करवट ली। "द सीक्रेट" और आकर्षण के नियम की जानकारी ने मुझे भविष्य को लिखने की आदत दी। मैंने अपने लक्ष्य डायरी में लिखे - जिनमें समय, भविष्य की आमदनी, स्थान में शहर का नाम और इस सब के लिए मेरी जिम्मेदारियाँ क्या-क्या थीं सब लिखा। मैंने अपने लक्ष्य दीवार पर चिपकाए, ताकि हर सुबह उन्हें देखकर दिन शुरू हो। इससे मेरा हर काम सुनिश्चित और स्पष्ट हुआ। 2018 में मेरी मेहनत रंग लाई जब मेरी आय पहले से अधिक हो गई, मैंने अपनी पहली कार खरीदी और सुपर कॉरिडोर में एक प्लॉट लिया। ये मेरे लिए शान के प्रतीक नहीं थे, बल्कि प्रमाण थे कि अनुशासन से काम सरल और निश्चितता के करीब होते जाते हैं। मैंने अपने नियमों से जाना कि सफलता की चाबी मेरे हाथ लग गई है। लेकिन जीवन हमेशा अगली परीक्षा की तैयारी रखता है।

टीम का टूटना - ईर्ष्या और बिखरती टीम

जैसे ही टीम मज़बूत हुई, भीतर से दरारें भी पड़नी शुरू हो गई। एक अनुभवी व्यक्ति ने मेरी और मेरी टीम की सार्वजनिक तारीफ की, मगर साथ ही साथ उसने निजी साजिशें भी आरंभ कर दी थीं। धीरे-धीरे हमारी 80% टीम अलग हो गई। कंपनी ने सही चुनाव का विकल्प रखा और अधिकतर लोग खिलाफ चले गए। सबसे छोटा और कम अनुभवी होने के बावजूद मैं अकेले खड़ा था। सबको लगा अब मेरी कहानी खत्म हो जाएगी। लेकिन उसी महीने मैंने अकेले छह बुकिंग की जो की पूरी टीम की बुकिंग से अधिक थी। इससे मेरी पहचान लौटी, पर कंपनियों ने मुझसे दूरी बना ली। मेरे भुगतान रोक दिए गए। एक बार फिर मेरे सपने डगमगाए, पर टूटे नहीं। उस समय मुझे समझ आया कि टीम से पहले टीम में नायक के निर्णयों व नेतृत्व में ठहराव बहुत जरुरी है।

निर्णय - अपने पैरों पर खड़ा होना

पार्टनरशिप की कोशिशें की जिनमें से पहली असफल रहीं और कुछ ने तो दिल ही तोड़ दिया। उस रात बाइक चलाते हुए मेरे आँसू निकल आए। लगा कि बस अब हर सपना समाप्त हो रहा है। तभी मुझे एक मार्गदर्शक मिले रिटायर्ड कमांडो देवेन्द्र कुमार तिवारी जी, जिन्होंने मेरा आत्मबल बढ़ाया और बताया कि मुझे खुद पर विश्वास करना होगा, अपनी जीत के लिए खुद प्रयत्न करने होंगे। इसके बाद मैं एक चार्टर्ड अकाउंटेंट से मिला और अनगिनत योजनाएं आने वाले समय के लिए फिर से बनाई। मुझे आधुनिक समय के अनुसार टेक्नोलॉजी की जरूरत समझ आई। वेबसाइट क्या है, पोर्टल किसे कहते हैं, इनके उपयोग की प्रक्रिया क्या है ये सब स्पष्ट होने लगा। पहले-पहले कई बार धोखा भी मिला, पर सीख मिलती रही। आगे की राह की सपष्टता को खोजते हुए एक रात एक नाम मेरे सामने आया - "रियल मेकर" ब्रोकर नहीं, एजेंट नहीं "मेकर" और टैगलाइन बनी - "Making Your Dream Real" बहुत सीमित संसाधनों में इस कंपनी का पंजीकरण हुआ।

स्थापना - साधारण दफ्तर, बड़े इरादों वाले सदस्य

जुलाई 2020 में पहला ऑफिस खुला जिसमें फर्नीचर पुराना था पर सपने नए थे। बिल्डर हमारी टीम पर भरोसा नहीं करते थे, इसलिए सीधे किसानों से काम शुरू किया। इंदौर के सुपर कॉरिडोर क्षेत्र के किसानों ने हम पर विश्वास किया और बाज़ार से बेहतर रेट, बिल्कुल साफ संवाद और एक मजबूत रिश्ते के साथ हमने अपना काम शुरू किया। हम कई बार ऑफिस नहीं पहुँच पाते तो चौराहों पर खड़े रहकर ही ग्राहकों को प्रोजेक्ट समझाते। खुद की और अपने आफिस की तस्वीर अच्छी दिखाने के चक्कर में कई बार हम बिना ऑफिस के दर्शन कराए ही प्लाट दिखाकर सौदा पूरा कर लेते। सौदे होने से धीरे-धीरे हमारी साख बनी।

हमने बस रफ़्तार पकड़ी ही थी कि कोविड जैसे महामारी ने पूरी दुनिया में दस्तक दी। हर तरफ बाज़ार बंद, लोगों की नौकरियाँ गईं, लोगों के व्यापार डूबे। इन सब में हमारा नया शुरू किया हुआ ऑफिस जो की सरकारी सड़क विस्तारिकरण की चपेट में आ गया वह हमारे बहुत-बहुत प्रयत्नों के बाद भी अंततः नहीं बच सका। रियल एस्टेट के क्षेत्र में मुझे जानने वाले लोगों ने मान लिया था कि अब विनय यादव वापस इस क्षेत्र में काम नहीं कर पाएगा। लेकिन मैंने एक बार फिर चुनौतियों को स्वीकार किया और डरने के बजाय पोस्ट डाली – "जो बेरोज़गार हुए हैं, वे हमारी टीम से

जुड़ें"। इसका असर यह हुआ की हमारी टीम बड़ी हो गई। लॉकडाउन में भी काम चला और हमने लाखों वर्गफुट ज़मीन के सौदे किए।

भरोसा - शिकायत से दूर ब्रांड की पहचान

2021 से 2022 तक सबसे दुर्लभ चीज़ मिली - भरोसा। न शिकायत, न क़ानूनी अड़चन, समय पर डिलीवरी, साफ रजिस्ट्रियाँ, स्पष्ट संवाद। सैलरी भी समय पर और हमने टीम से किए हुए वादे भी पूरे किए। हमारी कंपनी का नाम और ब्रांड शांति से बढ़ता गया। हमें सफलता शोर में नहीं, व्यवस्था में दिखी। ग्राहक लौटकर आए, टीम ठहरी, प्रक्रियाएँ मजबूत हुईं। यह व्यापार नहीं, चरित्र का विस्तार था - जहाँ हर सौदा जिम्मेदारी बन गया था। जिस जिम्मेदारी को पूरी टीम सही नियम और नियत से निभाने लगी।

निष्कर्ष - कठिनाइयों में संघर्ष और मेहनत में आगे की राह होती है

यह अध्याय जीत पर नहीं, निरंतरता पर खत्म होता है। चोरी हुई बाइक पर रोने वाला लड़का अब सपनों का निर्माता बन चुका था - केवल खुद के सपने नहीं बल्कि टीम के हर सदस्य के सपने, सिर्फ सौदों का नहीं, लोगों के विश्वास को निभाने वाला और उज्जवल भविष्य का सहायककार। कहानी यहीं समाप्त नहीं होती; यहीं उसकी नींव है। संघर्ष से संगठन तक की यह यात्रा बताती है कि ईमानदारी, अनुशासन और धैर्य - तीनों

साथ हों तो रास्ता बनता चला जाता है। आगे और अध्याय हैं, पर यह अध्याय याद दिलाता है कि मजबूत इमारतें सबसे पहले मजबूत नींव पर खड़ी होती हैं।

अध्याय 4: एक सोच, एक सफ़र

शुरुआत जो मजबूरी से आरंभ हुई

मेरी कहानी किसी बड़े सपने से नहीं, बल्कि ज़रूरत से शुरू हुई। गाँव से मेरे इंदौर आने के बाद जीवन में एक समय ऐसा भी था जब हर दिन सिर्फ़ टिके रहने की कोशिश होती थी। हालात आसान नहीं थे, लेकिन भीतर कहीं यह भरोसा था कि मेहनत कभी खाली नहीं जाती। एक बड़ा शहर था, माहौल प्रतिस्पर्धा से भरा, और साथ थे बहुत सीमित संसाधन। उसी दौर ने मुझे सिखाया कि अगर रास्ता नहीं मिलता, तो रास्ता बनाना पड़ता है।

संघर्ष से सीख तक

शुरुआती वर्षों में मैंने छोटे-छोटे काम किए, लोगों को समझा, बाज़ार को देखा। एक बड़े शहर में रियल एस्टेट की दुनिया बाहर से जितनी चमकदार दिखती है, भीतर से उतनी ही जटिल होती है। ज़मीन, काग़ज़, भरोसा - तीनों का संतुलन आसान नहीं होता। कई बार हमें नुकसान हुआ, कई बार हमें लोगों ने निराश किया, लेकिन हर ठोकर ने सोच को और मजबूत किया और स्पष्ट किया।

महामारी और आत्ममंथन

लॉकडाउन आया तो जैसे सब रुक गया। काम, टीम, योजनाएँ - सब ठहर गए। यही वह समय था जब मैंने खुद से सवाल किए। क्या सिर्फ़ पैसा ही लक्ष्य है, या कुछ और भी है मुझमें जो शुरू से इस आम दौड़ से मुझे अलग करता है? उसी आत्ममंथन ने यह स्पष्ट किया कि अगर आगे बढ़ना है तो सोच को बड़ा करना होगा। सिर्फ़ सही तरह से काम नहीं करना है, बल्कि उचित दिशा भी निर्धारित करनी होगी और अपने लक्ष्य तक पहुँचने की राह भी आसान बनानी होगी।

2022 और दिशा का निर्णय

2022 आते-आते यात्रा का स्वरूप बदल चुका था। अब सवाल अस्तित्व का नहीं, विस्तार का था। एक ही इलाके में सिमटे रहना विकास नहीं था। हमने सुपर कॉरिडोर से आगे बढ़ने का निर्णय लिया और महू, राऊ तथा इंदौर के आसपास नए प्रोजेक्ट शुरू किए। यह निर्णय आसान नहीं था, लेकिन नेतृत्व का अर्थ ही यही है - आगे देख पाना, आगे की सोच रखना।

टीम और नए सपने

टीम फिर से बनी। ऐसे लोग जुड़े जिनके पास डिग्रियाँ नहीं थीं, लेकिन जुनून था। जिन लोगों को कभी सिस्टम ने मौका नहीं दिया था, उन्हें मंच मिला। उनके सपने मेरे सपनों से जुड़ते चले गए। मुझे समझ आया कि संगठन पेपरों पर नहीं, लोगों से बनता है।

ग्राहकों का डर और हमारी जिम्मेदारी

ग्राहकों को दिए वादे निभाना आसान नहीं होता। ज़मीन के विवाद, काग़ज़ों की उलझन और गलत सलाह - हर तरफ़ डर होता है। यहीं हमने अपना सिद्धांत तय किया - कोई भी प्रॉपर्टी बेचने से पहले सब कुछ जाँच लेना होगा और हर तरह से सुनिश्चित होने पर ही हम ग्राहकों के सामने प्रस्तुत होंगे। हमारी टीम द्वारा सुनिश्चितता की क्षेणी में T&CP, टाइटल क्लीयरेंस, रजिस्ट्रेशन, RERA इन सभी बिंदुओं पर स्पष्टता अनिवार्य कर दी गई। क्योंकि ग्राहक अकेला नहीं लड़ सकता, लेकिन एक ईमानदार संगठन उसके साथ खड़ा हो सकता है और खरीदी-बिक्री से जुड़ी किसी भी परेशानी का हल बेहतर तरीके से निकल सकता है।

ईमानदारी को संस्कृति बनाना

"पहले ईमानदारी, फिर दुकानदारी" हमारे लिए नारा नहीं, कार्य-संस्कृति बनी। पैसा आया, लेकिन मैंने तय किया कि विलासिता से पहले विस्तार होगा। टीम बढ़ी, शहर बढ़े, और सबसे बढ़कर भरोसा बढ़ा। इस दौरान यह भी समझ आया कि इंसान ही इंसान को ऊपर उठाता है और इंसान ही गिराता है, इसलिए लोगों की पहचान और सोच सबसे महत्वपूर्ण है।

निर्णय, डर और आत्मविश्वास

निर्णय लेने में डर लगता है - यह सच है। लेकिन मैंने जीवन में सबसे बुरा सोच लिया था। अगर सब चला भी गया, तो भी मैं बचा रहूँगा। मैंने कभी उधार लेकर जोखिम नहीं लिया। जो कमाया, उसी को दाँव पर लगाया। हर बड़े निर्णय से पहले अपनी कोर टीम से चर्चा की और शुभ चिंतकों की निस्वार्थ व ईमानदार लीडर की सही सलाह को अपनी सबसे बड़ी पूँजी माना।

विज़न से पैशन तक

मुझसे पूछा गया कि मेरा गुरु कौन है। मेरा जवाब साफ़ था - मैं किसी की नकल नहीं बनना चाहता था। मुझे विनय यादव बनना था। मैंने अपने विज़न को लिखा, देखा, दोहराया और बार-बार समीक्षा की। धीरे-धीरे वही विज़न पैशन बना और पैशन लक्ष्य। स्पष्ट विज़न वाला इंसान रोज़ प्रेरणा नहीं ढूँढता, उसका काम ही उसकी ऊर्जा बन जाता है।

विरासत की ओर बढ़ता संगठन

रियल एस्टेट जोखिम का क्षेत्र है, लेकिन जोखिम और जुए में फर्क होता है। मेरी सबसे बड़ी लड़ाई इस मिथ से है कि इस क्षेत्र में धोखा तय है। समस्या पेशे में नहीं, नियत में है। हमारा उद्देश्य लोगों की जीवन भर की पूँजी सुरक्षित रखना है। अपने उद्देश्य की इस यात्रा में

2022 से 2025 तक की यह यात्रा सिर्फ़ व्यापार की यात्रा नहीं रही - यह संघर्ष से संगठन और काम से विरासत की यात्रा बन गई। और यह यात्रा अभी जारी है...

सार वाक्य - मजबूरी से शुरू हुई यह यात्रा संघर्ष, सीख और आत्ममंथन से होकर ईमानदारी, नेतृत्व और स्पष्ट विज़न तक पहुँची। काम से संगठन और संगठन से विरासत गढ़ने की यह कहानी भरोसे, सही निर्णय और लोगों को साथ लेकर आगे बढ़ने की एक अलग कहानी है।

अध्याय 5:Real Maker: एक 360-डिग्री प्लेटफ़ॉर्म सोच, सिस्टम और ज़िम्मेदारी की कहानी

आज Real Maker केवल प्रॉपर्टी बेचने वाली कंपनी नहीं है। यह एक विचार, एक व्यवस्था और विश्वास का ऐसा 360-डिग्री इकोसिस्टम है, जो रियल एस्टेट को व्यापार से आगे ले जाकर ज़िम्मेदारी बनाता है। यहाँ हर निर्णय लाभ से पहले सही होने की कसौटी पर परखा जाता है। Real Maker की नींव इस एक सिद्धांत पर रखी गई है - जो प्रॉपर्टी हम खुद नहीं खरीद सकते, उसे हम किसी और को बेचते भी नहीं हैं। यही सोच Real Maker को भीड़ से अलग खड़ा करती है।

ग्राहक के लिए: सुरक्षा सबसे पहले

Real Maker के लिए ग्राहक केवल खरीदार नहीं, बल्कि अपने जीवन की एक बड़ी पूंजी सौंपने वाला विश्वास है। इसलिए यहाँ सुरक्षित निवेश, सही लोकेशन और वैध कागज़ात कोई विकल्प नहीं, बल्कि अनिवार्यता हैं। हर प्रोजेक्ट को इस नज़र से देखा जाता है कि क्या यह प्रॉपर्टी आने वाले वर्षों में किसी परिवार की पूंजी को सुरक्षित रख पाएगी, किसी परिवार द्वारा किए गए निवेश को बढ़ा पाएगी। यहाँ त्वरित मुनाफ़े

के बजाय दीर्घकालीन सुरक्षा को प्राथमिकता दी जाती है, ताकि ग्राहक का निर्णय भविष्य में बोझ नहीं, बल्कि सहारा बने।

युवाओं के लिए: मेहनत, टैलेंट, और जुनून को नेतृत्व की राह

Real Maker उन युवाओं को अवसर देता है जिनके पास रोजगार नहीं है पर टैलेंट है। रियल मेकर उन युवाओं को भी अवसर प्रदान करता है जिनमें व्यापार करने की तीव्र इच्छा है जो स्वयं मालिक बनना चाहते हैं पर उनके पास पर्याप्त धन नहीं है, अवसर नहीं है। उनके लिए रियल मेकर का फ्रेंचाइज़ी मॉडल बहुत उपयोगी साबित हो सकता है। जहाँ रियल मेकर की टीम इस क्षेत्र में आगे आने के लिए आपको सही मार्गदर्शन, टेक्नोलॉजी का सही उपयोग, इस क्षेत्र से जुड़ी बारीक सरकारी कागज़ी प्रक्रियाओं की सही जानकारी देने और अन्य कई प्रकार से सहयोगी साबित होती है।

रियल मेकर उन युवाओं को भी अवसर देता है जिनमें नेतृत्व का गुण है जो अपने जीवन में अपने इस गुण के आधार पर कुछ बड़ा करना चाहते हैं और अपने साथ-साथ अपने सहयोगियों को भी आगे लाना चाहते हैं। हमारा ब्रांच मॉडल नेतृत्व की भावना वाले जुनूनी युवाओं के लिए एक मिसाल बन सकता है और उन्हें

जीवन में उपलब्धियों के शिखर तक ले जाने की ताकत रखता है।

रियल मेकर सिर्फ़ रोजगार और व्यवसाय के अवसर ही नहीं देता है, बल्कि जिम्मेदारी और अधिकार दोनों सौंपता है। यहाँ सेल्स, रेंटल, लोन, टेक, इंटीरियर और प्रोजेक्ट मैनेजमेंट जैसे हर विभाग में नेतृत्व की संभावनाएँ हैं। उद्देश्य केवल कर्मचारी तैयार करना नहीं है, बल्कि पार्टनर विकसित करना भी है - ऐसे लोग जो निर्णय लें, सीखें और आगे बढ़ें, जिनमें सही लोगों को परखने की क्षमता है और वे कंपनी को एक नए आयाम में स्थापित करने की जिम्मेदारी लें। यह एक ऐसा मंच है जो युवाओं को सिखाता है कि रियल एस्टेट में करियर केवल कमाई का साधन नहीं, बल्कि निर्माण की प्रक्रिया है, एक संगठन में आपके सुनहरे कल का मार्ग है।

बिल्डर के लिए: भरोसेमंद साझेदारी

एक बिल्डर के लिए प्रोजेक्ट बेचना केवल निर्माण के बाद की प्रक्रिया नहीं होती। मार्केटिंग से लेकर टीम मैनेजमेंट, साइट विज़िट, क्लोज़िंग, बैंकिंग और रजिस्ट्रेशन - हर स्तर पर संघर्ष होता है। Real Maker यह पूरा बोझ अपने ऊपर लेता है, ताकि बिल्डर निश्चिंत होकर गुणवत्ता और समय पर डिलीवरी पर

ध्यान दे सके। यहाँ तेज़, सुरक्षित और ईमानदार बिक्री केवल वादा नहीं, बल्कि कार्यप्रणाली है।

लैंड ओनर के लिए: भूमि वेंचर प्रोग्राम - एक सच्ची साझेदारी

भूमि स्वामी से डेवलपर तक की सशक्त यात्रा: किसान या भूमि स्वामी के पास सबसे मूल्यवान संपत्ति होती है - जमीन। परंतु डेवलपमेंट, सरकारी परमिशन, लेआउट प्लानिंग और बिक्री प्रक्रिया की जटिलताओं के कारण वह अक्सर अपने ही संसाधन का पूरा लाभ नहीं उठा पाता। Real Maker का भूमि वेंचर प्रोग्राम इस अंतर को समाप्त करता है।

इस मॉडल में भूमि स्वामी को केवल ज़मीन देने वाला नहीं, बल्कि परियोजना का वास्तविक डेवलपर बनाया जाता है। ज़मीन आपकी रहती है निर्णय में आपकी सहभागिता रहती है लाभ में आपकी प्राथमिक हिस्सेदारी रहती है Real Maker अपने अनुभव, सिस्टम और विशेषज्ञता के साथ - सभी कानूनी व तकनीकी परमिशन संपूर्ण डेवलपमेंट ब्रांडिंग, मार्केटिंग और सेल्स की पूरी ज़िम्मेदारी निभाता है। इसके बदले Real Maker केवल ट्रांजैक्शन वैल्यू का एक पूर्व-निर्धारित सेवा शुल्क लेता है - न कोई छुपी शर्त, न प्रोजेक्ट पर स्वयं का पूर्ण नियंत्रण। यह मॉडल खरीद-फरोख्त का नहीं, साझेदारी का है जहाँ मुनाफ़ा

ही नहीं, सम्मान, पारदर्शिता और भरोसा भी भूमि स्वामी के संग साझा किया जाता है।

Land Owner से Developer तक — यह सिर्फ़ बदलाव नहीं, यह आपकी और आपकी ज़मीन की एक नई पहचान है।

इन्वेस्टर के लिए: गारंटी नहीं, प्रक्रिया की शक्ति

Real Maker मुनाफ़े के सपने नहीं बेचता - यहाँ प्रक्रिया, पारदर्शिता और पूंजी-सुरक्षा को सबसे पहले रखा जाता है। यही सोच निवेश को अनुमान नहीं, सुनियोजित अवसर बनाती है।

- Early / Initial Stage Entry - लाभ का वास्तविक द्वार

Real Maker निवेशकों को प्रोजेक्ट के सबसे शुरुआती चरण में प्रवेश का अवसर देता है, जहाँ वैल्यू सबसे कम और ग्रोथ की संभावना सबसे अधिक होती है। यही प्रारंभिक प्रवेश आगे चलकर उच्च मूल्य-वृद्धि को एक सशक्त Profit-Making Instrument में बदलता है।

Real Maker की तीन स्पष्ट निवेश श्रेणियाँ -

1. कच्ची ज़मीन (Raw Land Investment)

भविष्य की विकास योजनाओं से जुड़ी, कानूनी रूप से साफ़ और रणनीतिक लोकेशन वाली भूमि - जहाँ
समय + सही निर्णय = स्थायी संपत्ति निर्माण।

2. प्रोजेक्ट टेकओवर (Project Takeover) -
प्रोजेक्ट टेकओवर की प्रकिया में अटके या अव्यवस्थित प्रोजेक्ट्स को Real Maker की टीम की कानूनी, तकनीकी और व्यावसायिक विशेषज्ञता की सहायता से पुनर्जीवित कर रुके हुए प्रोजेक्ट्स को लाभदायक एसेट में बदला जाता है।

3. डिस्काउंटेड इन्वेंटरी खरीद -बिक्री -
मार्केट से कम मूल्य पर चयनित इन्वेंटरी का अर्थ है कि जहाँ मार्केट मूल्य से कम मूल्य पर प्रॉपर्टी खरीदी जा सके और अधिक मुनाफा निश्चित हो, जहाँ रणनीतिक खरीद (बैंक सीज़ प्रॉपर्टी या सस्ती खरीदी) और नियोजित एग्ज़िट (सुसज्जित सुविधाओं के साथ वर्तमान बाज़ार के अनुसार बिक्री), तेज़ और नियंत्रित रिटर्न का मार्ग खोलती है।

Real Maker की Expertise –
Real Maker की टीम अवसर को लाभ में बदलने की कला को बखूबी समझती है। Real Maker केवल अवसर नहीं दिखाता, बल्कि उसे संरचित निवेश मॉडल में रूपांतरित करता है, जोखिम मूल्यांकन कानूनी व वित्तीय सुरक्षा कैश-फ़्लो प्लानिंग स्पष्ट एग्ज़िट स्ट्रेटेजी यहाँ जो लिखित आश्वासन दिया जाता है, वह वास्तव हैं। यहाँ भरोसा, ईमानदार प्रक्रिया, अनुशासित निर्णय और जोखिम प्रबंधन की प्रतिबद्धता है। यही वजह है कि Real Maker के साथ निवेश एक लेन-देन नहीं, भविष्य गढ़ने की साझेदारी बन जाता है।

रियल एस्टेट में करियर और उद्यमिता का संगठित अवसर: रियल मेकर मॉडल

रियल एस्टेट का क्षेत्र आज केवल संपत्ति की खरीद-फरोख्त तक सीमित नहीं रहा, बल्कि यह एक संगठित, प्रोफेशनल और दीर्घकालिक करियर का माध्यम बन चुका है। इस क्षेत्र में आगे बढ़ने की इच्छा रखने वाले युवाओं और अनुभवी पेशेवरों के सामने अक्सर सबसे बड़ी चुनौती होती है - सही मार्गदर्शन, भरोसेमंद ब्रांड और स्थिर सिस्टम की कमी। इन्हीं आवश्यकताओं को समझते हुए रियल मेकर ने रियल एस्टेट में नौकरी और व्यवसाय, दोनों के माध्यम से

आगे बढ़ने के लिए एक सुव्यवस्थित अवसर प्रस्तुत किया है।

रियल मेकर का **फ्रेंचाइज़ी और ब्रांच मॉडल** उन लोगों के लिए तैयार किया गया है जो अपने प्रयासों को एक मजबूत प्लेटफ़ॉर्म के साथ जोड़कर सुरक्षित और तेज़ विकास चाहते हैं।

फ्रेंचाइज़ी मॉडल के अंतर्गत, रियल मेकर अपने ब्रांड, स्थापित प्रक्रियाओं, प्रशिक्षित टेक्निकल टीम और संचालन प्रणाली के साथ जिले या शहर स्तर पर बिज़नेस स्थापित करता है। इससे उद्यमी को शुरुआती जोखिम और अनिश्चितताओं से राहत मिलती है और वह सीधे ग्रोथ तथा परिणामों पर ध्यान केंद्रित कर पाता है। इसमें एक फ्रेंचाइज़र किसी निश्चित क्षेत्र (शहर / जिला) के लिए रियल मेकर के द्वारा तय की गई राशि रियल मेकर कंपनी के मुख्य कार्यालय में जमा करके उस निश्चित क्षेत्र की फ्रेंचाइज़ी प्राप्त कर सकता है और कंपनी की सुचारू कार्यप्रणाली व मार्गदर्शन में रियल स्टेट के व्यवसाय में स्वयं को समर्पित कर सकता है। जहाँ रियल मेकर किसी भी फ्रेंचाइज़ी के ग्रोथ के लिए स्वयं सहायक होकर जिम्मेदारी लेता है।

वहीं दूसरी ओर, ब्रांच मॉडल उन युवाओं और अनुभवी प्रोफेशनल्स के लिए है जो पूंजी निवेश किए बिना

नेतृत्व और जिम्मेदारी निभाना चाहते हैं। इस मॉडल में कंपनी स्वयं निवेश कर ब्रांच स्थापित करती है और योग्य व्यक्ति को ब्रांच हेड के रूप में अवसर देती है। यह एक नौकरी से कहीं आगे बढ़कर मालिकाना सोच, निर्णय लेने की स्वतंत्रता और प्रदर्शन आधारित ग्रोथ का मॉडल है।

रियल एस्टेट में सबसे महत्वपूर्ण तत्व विश्वास होता है। रियल मेकर ने पारदर्शिता, नैतिकता और दीर्घकालिक दृष्टिकोण के माध्यम से इस विश्वास को पहले ही स्थापित किया है। यही कारण है कि रियल मेकर किसी व्यक्ति को सीखने, आगे बढ़ने और अनुभवी पेशेवरों को अपने अनुभव के सही मूल्यांकन का अवसर प्रदान करता है।

रियल मेकर के साथ जुड़ना केवल करियर या व्यवसाय की शुरुआत नहीं, बल्कि एक संरचित, जिम्मेदार और भरोसेमंद भविष्य की ओर कदम है। जहाँ रियल मेकर की टीम सदा ही नवीन स्थान पर नए अवसरों और नए व्यक्तियों को अपने साथ जोड़ने के लिए अग्रसर है।

देश में रहकर देश के लिए सेवा भाव

आज बहुत से लोग यह मानते हैं कि देश में संघर्ष है - जैसे अधिक टेक्स, जटिल कानून व्यवस्थाएं,

राजनैतिक दबाव और ईमानदार कर्मचारीयों की कमी। इसलिए वे बाहर देशों में जाकर निवेश कर रहे हैं। जिससे से वे हमारे देश का पैसा बाहर के देशों में ले जा रहें हैं, जबकि Real Maker की सोच इसके विपरीत है। जिस देश ने हमें पहचान दी है, उसके लिए सेवा भाव से कुछ अच्छा करना। ऐसे प्रोजेक्ट लाना जिसमें कम जोखिम और अधिक लाभ से साथ निवेश को सरल, सुगम और सुनिश्चित बनाया जा सके। जिससे कि हम अपने देश में विदेशी निवेशकों को निवेश के लिए उचित अवसर प्रदान कर सकें।

भारत युवाओं का देश है। अगर युवा रियल एस्टेट जैसी बुनियादी इंडस्ट्री में ईमानदारी से उतर जाएं, अपने काम करने की काबिलियत से इस क्षेत्र में भी उचित परिवर्तन के साथ विदेशी निवेशक (इन्वेस्टर) लेकर आएं और हमारे देश को निवेशित (इन्वेस्टी) देश बनाएं तो केवल उनका भविष्य ही नहीं, देश का भविष्य भी बदला जा सकता है। और यही हमारी तरफ से देश में रहते हुए देश की सच्ची सेवा होगी।

अंतिम भावना: ईमानदारी ही साधना

Real Maker किसी तात्कालिक चमत्कार या रातों-रात अमीरी का गलत वादा नहीं करता। यह उस चमत्कार पर विश्वास करता है, जो हर जागरूक कर्मचारी या व्यवसायी का वास्तविक सपना होता है - एक अच्छी और सशक्त टीम में काम करना, परिश्रम

और ईमानदारी के साथ आगे बढ़ना, और अपने लिए ही नहीं, बल्कि अपनी टीम के लिए भी सम्मान अर्जित करना।

हमारे यहाँ केवल अकेले ही सफलता पाने की दौड़ नहीं है। यहाँ साथ चलने, साथ सीखने और साथ आगे बढ़ने की संस्कृति है। Real Maker मानता है कि जब इंसान सही लोगों के साथ, सही मूल्यों के साथ काम करता है, तो परिणाम अपने आप अर्थपूर्ण हो जाते हैं। लेकिन हमारा एक वादा बिल्कुल स्पष्ट है - जब तक साँस है, हर एक टीम सदस्य, हर एक कर्मचारी, हर निवेशक और हर एक ग्राहक के साथ पूरी ईमानदारी से खड़े रहेंगे। चाहे परिस्थितियाँ आसान हों या कठिन, सच से समझौता नहीं करेंगे।

यहाँ पहले ईमानदारी आती है, बाद में दुकानदारी। यही पूजा है, यही साधना है और यही है सच्ची उड़ान की जिद।

कंपनी की जानकारी, उपलब्धियों, संपर्क और बेहतरीन कार्यों के लिए नीचे दिए QR कोड्स, ईमेल या मोबाइल नंबर का उपयोग किया जा सकता है –

Email Id - Vinayyadav3270@gmail.com

Mobile Number - +91 6267137266

https://realmakeronline.com/ https://www.instagram.com/realmaker_official/ https://www.facebook.com/realmaker25/

https://www.youtube.com/channel/UCj0tsKF1faiKmfua68OythQ https://www.youtube.com/channel/UCULC1wpBDqgWhl8iQR6DC7w

सार वाक्य - Real Maker एक कंपनी नहीं, बल्कि ईमानदारी, पारदर्शिता और ज़िम्मेदारी पर आधारित ऐसा इकोसिस्टम है जहाँ लाभ से पहले सही होना प्राथमिकता है।

कंपनी का मॉडल कर्मचारी, ग्राहक, बिल्डर, भूमि स्वामी और निवेशक - सबके लिए भरोसे, साझेदारी और दीर्घकालिक निर्माण की सोच को साकार करता है।

अध्याय 6: निवेशकों के लिए मार्गदर्शन

रियल मेकर ने इस बात को जान लिया है कि एक निवेशक के लिए रियल एस्टेट में सही निर्णय लेना बहुत महत्वपूर्ण है, क्योंकि यह निवेश बड़ा, दीर्घकालीन और मेहनत की पूंजी से जुड़ा होता है। सही जानकारी, धैर्य और व्यावहारिक सोच के साथ लिया गया निर्णय ग्राहक को न केवल सुरक्षित रिटर्न देता है, बल्कि भविष्य में आर्थिक स्थिरता भी प्रदान करता है। इस कार्यक्षेत्र में हमारे वर्षों के अनुभव के आधार पर हमने यहाँ यह विस्तार से बताने का प्रयास किया है कि एक निवेशक रियल एस्टेट में कैसे सही निर्णय ले सकता है और एक निवेशक को निवेश पूर्व किन-किन बातों का विशेष ध्यान रखना चाहिए:

1. निवेश का उद्देश्य स्पष्ट होना चाहिए:

सबसे पहले निवेशक को यह तय करना चाहिए कि वह रियल एस्टेट में निवेश क्यों करना चाहता है।

- किराये के माध्यम से नियमित आय के लिए
- लंबे समय में पूंजी वृद्धि के लिए
- व्यावसायिक उपयोग के लिए
- या अपना स्वयं का घर बनाने के लिए

निवेशक का उद्देश्य स्पष्ट होगा तो प्रॉपर्टी का प्रकार (रेसीडेंशियल या कमर्शियल) चुनना आसान होगा।

2. लोकेशन का सही चयन:

- रियल एस्टेट में सबसे महत्वपूर्ण कारक लोकेशन होती है।
- आने वाले समय में विकास की संभावनाओं की अधिकतम जानकारी
- सड़क, मेट्रो, स्कूल, अस्पताल, बाजार की उपलब्धता
- रोजगार केंद्रों से दूरी

अच्छी लोकेशन में खरीदी गई प्रॉपर्टी भविष्य में बेहतर रिटर्न देती है।

"रिटर्न देगा वही जिसकी लोकेशन होगी सही।".

3. डेवलपर या बिल्डर की विश्वसनीयता जाँच लेना चाहिए:

- निवेश से पहले बिल्डर का रिकॉर्ड जरूर जांचें।
- पिछले प्रोजेक्ट्स की डिलीवरी को जाने।
- निर्माण गुणवत्ता
- कानूनी विवादों का इतिहास जाने।

एक विश्वसनीय बिल्डर जोखिम को काफी हद तक कम कर देता है।

4. कानूनी दस्तावेजों की जाँच आवश्य करना चाहिए:

- जमीन का टाइटल क्लियर हो।
- RERA रजिस्ट्रेशन
- स्थानीय विकास प्राधिकरण की मंजूरी हो।
- एप्रूव्ड लेआउट और नक्शा हो।

कानूनी तौर पर कोई गलती निवेश को नुकसान में बदल सकती है। किसी भी निवेशक को निवेश के पूर्व कानूनी सलाह लेना सदा आवश्यक है।

5. बाजार की स्थिति को समझकर निवेश करना:

- निवेशक को बाजार के ट्रेंड समझना चाहिए।
- कीमतें बढ़ रही हैं या स्थिर हैं,
- डिमांड और सप्लाई का संतुलन,
- आसपास के प्रोजेक्ट्स की कीमत।

जब भावना के साथ विवेक जुड़ता है, तब प्रॉपर्टी केवल खरीद नहीं, सुरक्षित भविष्य बन जाती है।

6. बजट और फाइनेंसिंग की योजना स्पष्ट होनी चाहिए:

- अपने बजट का सही आकलन करें।
- प्रॉपर्टी की कीमत और बजट में संतुलन हो।
- स्टांप ड्यूटी, रजिस्ट्रेशन, टैक्स को जाँच लें।
- लोन की ब्याज दर, प्रोसेसिंग फीस स्पष्ट हो।

EMI आपकी आय के अनुसार होनी चाहिए ताकि भविष्य में बोझ न बने।

7. रिटर्न और रिस्क का सटीक मूल्यांकन करना चाहिए:

- सही मूल्यांकन के बाद निवेश में जोखिम नहीं होता
- किराये की संभावित आय का मूल्यांकन
- रीसेल वैल्यू
- मेंटेनेंस का खर्च।

कम रिस्क और स्थिर रिटर्न वाली प्रॉपर्टी निवेश के लिए बेहतर होती है।

8. भविष्य की विकास योजनाओं की जानकारी आवश्यक है:

- सरकारी और निजी विकास योजनाओं पर नजर रखें।

- नई सड़कें, मेट्रो लाइन आदि
- इंडस्ट्रियल कॉरिडोर
- स्मार्ट सिटी प्रोजेक्ट

जहाँ विकास होता है, वहाँ प्रॉपर्टी का मूल्य तेजी से बढ़ता है।

9. धैर्य और दीर्घकालीन सोच का विशेष महत्व है:

- रियल एस्टेट त्वरित मुनाफे का साधन नहीं है।
- सही निवेश लंबे समय में बेहतर रिटर्न देता है।
- विवेकपूर्ण निर्णय वाले निवेशक सफल होते हैं।

उचित समय पर विवेकपूर्ण निर्णय से ली गई प्रॉपर्टी ही सच्चा निवेश कहलाती है।

10. विशेषज्ञ की सलाह लेनी चाहिए:

अनुभवी रियल एस्टेट कंसल्टेंट या मार्केट एक्सपर्ट की सलाह निवेश को सुरक्षित बनाती है। सही मार्गदर्शन की सहायता से गलत फैसलों से बचा जा सकता है।

निष्कर्ष:

मेरे लिए रियल एस्टेट केवल पैसा कमाने का साधन नहीं है, बल्कि यह सीखने, मजबूत नेटवर्क बनाने और

दीर्घकालिक संपत्ति खड़ी करने का एक सशक्त माध्यम है। मैंने अनुभव किया है कि धैर्य, ईमानदारी और सही मार्गदर्शन के साथ इस क्षेत्र में आगे बढ़कर न केवल आर्थिक स्थिरता मिलती है, बल्कि सम्मानजनक और सुरक्षित भविष्य भी निर्मित होता है।

अध्याय 7: युवाओं के लिए रियल एस्टेट में अवसर

आज के समय में रियल एस्टेट केवल बड़े निवेशकों या अनुभवी कारोबारियों तक सीमित नहीं रहा। सही जानकारी, डिजिटल टूल्स और स्पष्ट सोच के साथ युवा भी इस क्षेत्र में सफल करियर बना सकते हैं और निवेश कर सकते हैं। खासकर भारत जैसे देश में, जहाँ शहरीकरण और बुनियादी ढाँचे का तेज़ी से विकास हो रहा है, युवाओं के लिए रियल एस्टेट में अनेक अवसर मौजूद हैं।

1. **रियल एस्टेट में सेल्स और मार्केटिंग के अवसर:** रियल एस्टेट के क्षेत्र में कदम रखने वाले युवाओं के लिए सबसे आसान और अधिक इनकम वाला प्रवेश बिंदु सेल्स और मार्केटिंग हो सकता है। पारंपरिक मार्केटिंग के अलावा आधुनिक सुविधाओं के साथ आज डिजिटल मार्केटिंग, सोशल मीडिया, पोर्टल लिस्टिंग और वर्चुअल साइट विज़िट के ज़रिये प्रॉपर्टी बेचना पहले से कहीं आसान हो गया है। कम समय में नेटवर्क बनाना और ग्राहकों की जरूरतों को समझना इस क्षेत्र में तेज़ ग्रोथ दिला सकता है।

2.रियल एस्टेट में निवेश के अवसरों को बताना (छोटे स्तर से शुरुआत):

आज किसी निवेशक को रियल एस्टेट में निवेश के लिए करोड़ों रुपयों की ज़रूरत नहीं है। प्लॉट सेलिंग, प्रोजेक्ट डेवलपमेंट, अंडर-कंस्ट्रक्शन प्रॉपर्टी में निवेश, रीसैल या रेंटल इनकम जैसे विकल्पों से छोटे निवेश से भी शुरुआत की जा सकती है। इसमें लोन जैसी सुविधा से छोटा निवेश और भी सरल और भी सुविधाजनक हो गया है। एक निवेशक को केवल सही लोकेशन और भविष्य की संभावनाओं को समझना सबसे ज़रूरी है। जिससे की उसके द्वारा निवेश सही समय पर उचित रिटर्न दे सके।

3.प्रॉपर्टी कंसल्टेंट और सलाहकार बनने के अवसर:

अगर किसी युवा को नए-नए लोगों से मिलने और बातचीत करने में रूचि है, उसे अपनी बात ग्राहक के सामने रखकर डील क्लोज़िंग आता है और लोगों से जुड़ने में, लोगों को अपने उपक्रम में जोड़ने में रुचि है, तो वह रियल एस्टेट कंसल्टेंट बन सकता है। यह प्रोफेशन कम पूँजी के साथ शुरू किया जा सकता है और अनुभव के साथ मज़बूत होता जाता है।

4.रियल एस्टेट से जुड़ी टेक्नोलॉजी (PropTech)

आज रियल एस्टेट के क्षेत्र में डेटा एनालिसिस, CRM, ऑनलाइन लिस्टिंग, वर्चुअल टूर और AI आधारित टूल्स के कारण टेक-सेवी युवाओं के लिए नए अवसर खुले हैं। इसलिए अब इस क्षेत्र में आईटी क्षेत्र के युवाओं के लिए राह सुगम हो गई है तथा रियल एस्टेट और टेक्नोलॉजी का मेल भविष्य का बड़ा क्षेत्र बनता जा रहा है। रियल एस्टेट में टेक्नोलॉजी का उचित उपयोग जानने वालों की आज भी कमी है और यह समय उनके लिए एक स्वर्णिम काल है। रियल एस्टेट में टेक्नोलॉजी के महत्त्व को बड़ी ही तेजी से स्वीकारा जा रहा है जहाँ नई तकनीक पुरानी कार्य पद्धति को बहुत तेजी से प्रतिस्थापित कर रही है और मोबाइल, लैपटॉप, टैब की सहायता से सॉफ्टवेयर का सुव्यवस्थित उपयोग कर बेहतरीन बदलाव आए हैं।

5.कंस्ट्रक्शन और प्रोजेक्ट मैनेजमेंट के अवसर:

इंजीनियरिंग, आर्किटेक्चर या मैनेजमेंट बैकग्राउंड वाले युवाओं के लिए आज तेज़ी के होते डेवलपमेंट एवं इंफ्रास्ट्रक्चर के विकास की दौड़ में बिल्डर्स और डेवलपर्स के साथ काम करने के अच्छे अवसर हैं। समय, लागत और गुणवत्ता की उचित जानकारी हासिल कर और आने वाले समय की संभावनाओं

को संभालना सीखकर युवा बड़ी ज़िम्मेदारी पा सकते हैं।

6.रियल एस्टेट कंटेंट क्रिएशन और एजुकेशन:

आज का ग्राहक पहले से कहीं अधिक सजग है और मोबाईल तथा इंटरनेट जैसी सुविधा का उपयोग कर पहले से अधिक जानकार भी है, इसलिए प्रॉपर्टी खरीदने से पहले ग्राहक किसी भी प्रॉपर्टी की विस्तृत जानकारी चाहते हैं। इसके लिए आज के ग्राहक के लिए ब्लॉग, वीडियो, यूट्यूब चैनल और सोशल मीडिया के माध्यम से प्रोजेक्ट्स की सही-सही जानकारी उपलब्ध होना अति आवश्यक तथ्य बन गया है और यही ज्ञान आज के रियल एस्टेट की सबसे बड़ी जरुरत भी है, इस ज्ञान को साझा कर युवा अपनी पहचान और कमाई दोनों बना सकते हैं, बढ़ा सकते हैं।

7.रियल एस्टेट के क्षेत्र में उद्यमकर्त्ता (Entrepreneur) बनने के अवसर:

रियल एस्टेट के क्षेत्र में सही तरह से बोलचाल और लोगों के बीच अपनी बात रखकर डील निश्चित करना, टेक्नोलॉजी की सही जानकारी, कानूनी व्यवस्था की उचित समझ और जरूरतमंद युवाओं को सही तरह से साथ लेकर भरोसेमंद नेटवर्क के साथ प्लॉट्स, आवासीय घर या फ्लैट, कमर्शियल

ऑफिस, शॉप, प्राइवेट प्रॉपर्टी या इंडस्ट्रियल प्रॉपर्टी की सलाह देकर एक मजबूत ब्रांड बनाया जा सकता है और केवल एक शहर तक सीमित न रहते हुए क्षमता के अनुसार पूरे देश के विभिन्न शहरों में अपने ब्रांड को स्थापित किया जा सकता है। बहुत उचित है कि आप किसी ब्रांड को देश के बाहर भी विकासशील देशों में स्थापित कर सकें।

निष्कर्ष:

रियलमेकर टीम का अनुभव स्पष्ट रूप से दर्शाता है कि रियल एस्टेट में सफल निवेश केवल पूंजी का नहीं, बल्कि समझदारी, सही जानकारी और व्यावहारिक अनुभव का संतुलित निर्णय होता है। जब निवेश लोकेशन, कानूनी स्थिति, बजट और भविष्य की संभावनाओं का समग्र मूल्यांकन करके किया जाता है, तो वह न केवल सुरक्षित रहता है, बल्कि दीर्घकाल में लाभकारी भी सिद्ध होता है।

जो निवेशक धैर्य, विवेक और विशेषज्ञ सलाह के साथ निर्णय लेता है, वही रियल एस्टेट में स्थायी और सार्थक सफलता प्राप्त करता है।

रियलमेकर का विश्वास स्पष्ट है –

हमारी सफलता, हमारे ग्राहकों की सफलता में निहित है।

इसी विश्वास के साथ हम अपने प्रत्येक ग्राहक के प्रति कृतज्ञ हैं और उनकी समृद्धि को ही अपनी सबसे बड़ी उपलब्धि मानते हैं।

अध्याय 8: सही सोच का स्त्रोत

1. **सोचः सबसे बड़ी पूँजी** – मैं और मेरी टीम यह मानते हैं कि किसी भी इंसान की असली ताकत उसका पैसा, स्किल या पहचान नहीं होती, बल्कि उसकी सोच होती है। पैसा तो आज है, कल नहीं भी हो सकता है, लेकिन सोच अगर सही दिशा में हो तो इंसान दोबारा खड़ा हो सकता है। मेरा विश्वास है कि भाग्य अपने आप नहीं बनता, बल्कि कर्म से बनता है और हमारी सोच कर्म की दिशा तय करती है। जब सोच स्पष्ट होती है, स्वच्छ होती है, तो निर्णय भी सही होते हैं, मजबूत होते हैं। यही सोच मुझे व टीम के सदस्यों को जीवन में आगे बढ़ाती रही और रियल एस्टेट जैसे बड़े क्षेत्र में आत्मविश्वास के साथ कदम रखने की हिम्मत देती रही।

2. **माहौल और संगति का प्रभाव** – हमारी इस टीम की सोच एक दिन में नहीं बदली। यह बदलाव समय के साथ आया। हमारे आसपास का माहौल बदला, लोगों का साथ बदला और धीरे-धीरे हमारे विचार भी बदलने लगे। मेरा मानना है कि इंसान जो देखता है, जो सुनता है और जिन लोगों के बीच रहता है, वही उसकी सोच का हिस्सा बन जाता है। जब मैंने और मेरी टीम ने अच्छा, सकारात्मक

कंटेंट देखा और सकारात्मक सोच रखने वाले लोगों के साथ समय बिताया, तो हमारे मन में यह विश्वास पैदा हुआ कि "अगर ये लोग कर सकते हैं, तो मैं भी कर सकता हूँ।" यही विश्वास समय के साथ मज़बूत होता गया और धीरे-धीरे यह विश्वास आत्मबल में बदल गया।

3. **रियल एस्टेट और बड़ी सोच** – रियल एस्टेट में मेरी एंट्री इसलिए अहम साबित हुई, क्योंकि यहाँ मैंने बड़े सोच वाले लोगों को देखा और समझा। ये लोग केवल आज के फ़ायदे पर नहीं रुकते, बल्कि आने वाले दस–बीस सालों को ध्यान में रखकर काम करते हैं। हमारी टीम साफ़ तौर पर यह मानती है कि सही लोगों के संपर्क में रहने से सोच अपने-आप ऊँची हो जाती है। जब सोच बड़ी होती है, तो इंसान छोटे-छोटे डर में फँसकर गलत फैसले नहीं लेता। रियल एस्टेट में दूर की सोच ही सफलता की असली कुंजी है।

4. **निर्णय लेने का डर और साहस** – अक्सर लोग मुझसे और मेरी टीम से कहते हैं कि हम बहुत जल्दी निर्णय लेते हैं। इस पर हम साफ़ कहते हैं कि हाँ, हम निर्णय जल्दी लेते हैं, लेकिन बिना सोचे-समझे नहीं। हर फैसले से पहले मैं निर्णय के सबसे बुरे परिणाम को मन में स्वीकार कर लेता

हूँ। मैं खुद से पूछता हूँ कि अधिकतम क्या हो सकता है - ज़्यादा से ज़्यादा वही जाएगा, जो हमने ईमानदारी से कमाया है। हमारी टीम ने कभी उधार लेकर जोखिम नहीं उठाया। हम सब मानते हैं कि डर सभी को लगता है। बहादुरी का मतलब डर न लगना नहीं, बल्कि डर के बावजूद सही निर्णय लेकर आगे बढ़ना ही असली बहादुरी है।

5. **गलत सलाह है सबसे बड़ा खतरा** – मैं और मेरी टीम यह मानते हैं कि रियल एस्टेट में सबसे बड़ा नुकसान गलत सलाह से होता है। कई बार ग्राहक आख़िरी समय में किसी ऐसे व्यक्ति की सलाह ले आता है, जिसे वे "श्वेत-श्याम जी" कहते हैं। यह एक निराशावादी या नकारात्मक या संकुचित सोच वाला वह व्यक्ति होता है जिसने खुद कभी कोई निवेश नहीं किया होता है, लेकिन दूसरों को रोकने में सबसे आगे रहता है। टीम के सदस्य कहते हैं कि किसी की सलाह मानने से पहले यह जानना जरूरी है कि उसका खुद का अनुभव क्या है और उसने खुद कितना जोखिम उठाया है। यह जानना जरुरी है कि सलाह देने वाला व्यक्ति निवेश के विषय में कितना सजग और जानकर है।

6. **पारदर्शिता ही समाधान है** - अगर कोई "श्वेत-श्याम जी" बीच में आ जाए, तो हमारा समाधान

बहुत ही सरल है कि ग्राहक को अपनी बुद्धि एवं पूरी पारदर्शिता का उपयोग करना चाहिए। ग्राहक को सब कुछ परख लेना चाहिए: बुकिंग फॉर्म, रेट, और लीगल डॉक्यूमेंट। इसके बाद ग्राहक को कोई भी फैसला अपने विवेक से लेना चाहिए। हमारी टीम का मानना है कि जब सारी सही जानकारी सामने होती है, तो डर अपने-आप कम हो जाता है और निर्णय मजबूत बनता है।

7. **ईमानदारी: संस्कारों की देन** – मेरे जीवन का मूल सिद्धांत ईमानदारी है और मेरे इस सिद्धांत से मेरी टीम का हर सदस्य प्रेरित है। मेरी माँ ने मुझे सिखाया है कि अगर किसी के घर में हीरे भी पड़े हों, तो उन्हें पत्थर समझना। दादा जी ने इतिहास और अध्यात्म का महत्व बताया है, शिक्षकों ने राजा हरिश्चंद्र की कहानियों से सत्य का मूल्य समझाया है और पिता ने संघर्ष से हार न मानना सिखाया है। इन्हीं संस्कारों की वजह से मैं जो बोलता हूँ, दिल से बोलता हूँ, हर शब्द समझकर बोलता हूँ, सही बोलता हूँ और ग्राहकों का भरोसा जीत पाता हूँ।
8. **Maker बनाने की सोच** – मैं एक अच्छी टीम के साथ कभी किसी को सिर्फ "सेल्स पर्सन" नहीं बनाना चाहता। मैं अपनी टीम के हर सदस्य को "Maker" बनाना चाहता हूँ। मेरा सपना है ऐसा प्लेटफॉर्म बनाना जहाँ गाँव का व्यक्ति भी सही

जानकारी के साथ निवेश कर सके, जहाँ ग्राहक का पैसा गलत जगह न लगे और जहाँ काग़ज़ शब्दों से ज़्यादा बोलें। मैं मानता हूँ कि भरोसा बातों से नहीं, बल्कि सही सिस्टम और उचित दस्तावेज़ों से बनता है।

9. **सही नीयत, सही रास्ता** - अंत में मैं अपनी टीम के माध्यम से कहता हूँ कि यह कहानी रियल एस्टेट से कहीं ज़्यादा सही सोच, सही नीयत और स्वाभाविक साहस की कहानी है। मेरा ऐसा विश्वास है कि अगर सोच सही हो, तो सृष्टि खुद रास्ता दिखाती है। कई बार मैं शांत होकर बैठ जाता हूँ और कुछ समय बाद समाधान अपने-आप मेरे सामने आ जाता है। मैं लोगों को प्रेरित करता हूँ कि डर से भागना नहीं है, पूरी जानकारी जुटाना है, सही लोकेशन का चुनाव करना है और आत्मविश्वास के साथ निर्णय लेना है, क्योंकि सही सोच से ही सच्चा निर्माण हो सकता है। हमें सही नियत से सही राह पर आगे बढ़ना है।

सार वाक्य - सही सोच, सही संगति और ईमानदारी से लिए गए निर्णय ही व्यक्ति और संगठन की सबसे बड़ी पूँजी होते हैं। जब नीयत साफ़ हो और जानकारी पूरी, तो डर पीछे रह जाता

है और निर्माण अपने-आप सही दिशा में आगे बढ़ता है।

अध्याय 9: जब व्यापार साधना बन गया

मेरा कहना है कि व्यापार को सिर्फ मुनाफे का जरिया नहीं मानना चाहिए, बल्कि व्यापार तो आत्मा की एक यात्रा है। मेरे लिए व्यापार कोई साधारण लेन-देन नहीं, बल्कि यह मेरे भीतर की आवाज़ का विस्तार है। जब मैं युवावस्था में अपने करियर की शुरुआत कर रहा था, तब मैंने कई ऐसे लोगों को देखा जो तेजी से पैसा कमा रहे थे, लेकिन उनके चेहरे पर शांति (प्रसन्नता) नहीं थी। मैं अक्सर सोचता था, अगर सफलता के साथ सुकून न मिले, तो वह सफलता किस काम की, यही सवाल मुझे बाकी व्यापारियों से अलग करता चला गया। मैं यह मानने लगा था कि बिना आत्मिक संतुलन के एक सफल व्यापारी बनना और एक लंबी दौड़ जीतना न तो सरल है और न ही अर्थ पूर्ण है।

जब आप सच्चे अर्थ की बात करते हो या इसकी खोज करने लगते हो तब आपकी विचारधारा दूसरों से अलग हो जाती है। मेरी सोच की नींव मेरे बचपन में पड़ी थी। जब मेरे दादा जी लगभग हर शाम को मुझे रामायण और महाभारत की कथाएँ सुनाया करते थे। तब मैं इन कहानियों को सिर्फ मनोरंजन समझता था, मुझे नहीं मालूम था कि इन कहानियों का आने वाले जीवन में

क्या उपयोग है या यह कहानियाँ किस प्रकार से जीवन में सही राह निर्माण में सहायक होंगी, लेकिन समय के साथ वही कथाएँ/कहानियाँ मेरी उचित सोच के निर्णयों का आधार बनीं। जब व्यापार में मुझे आसान लेकिन गलत रास्ते दिखते, तो भीतर से एक आवाज़ उठती - "यह सही है या गलत?" यह सवाल मुझे कुछ भी गलत करने से पहले रोक लेता है। वह गीता के उपदेश, जो मैंने बचपन से सुन रखे थे, जो कभी कहानी लगते थे, अब जीवन का मार्गदर्शन बन चुके हैं। मैं समझ चुका हूँ कि आध्यात्म कोई पूजा-पाठ तक सीमित चीज़ नहीं, बल्कि गलत से पहले रुक जाने की ताकत है।

व्यापार की दुनिया में मैंने सभी प्रकार के उतार-चढ़ाव दोनों देखे। कभी बड़ा लाभ, कभी भारी जोखिम। ऐसे समय में मेरी मुलाकात इंदौर के एक नामी व्यक्ति से हुई, जो एक सफल लेकिन बेचैन उद्योगपति थे। उनके पास भौतिक सुख-सुविधा के आधार पर सब कुछ था, पर मन अशांत था। एक दिन उन्होंने मुझसे एक प्रश्न पूछा, "विनय क्या कमाई के साथ अगर कुछ लौटाया न जाए, तो तुम्हें भी भीतर एक अजीब-सा खालीपन लगता है?" यहीं से मेरे जीवन में दान का महत्व और गहरा हुआ। मेरे लिए दान दिखावे का साधन नहीं, बल्कि आत्मा की सफाई बन गया। मैं यह मानने लगा

कि कमाई का एक हिस्सा समाज को लौटाने से भीतर जो शांति मिलती है, वही असली पूंजी है।

मेरा मानना है कि सच्ची भलाई वही है, जो निःशब्द और निःस्वार्थ हो। मैं अक्सर यह बात कहता हूँ कि अगर नेक काम एक हाथ से किया जाए, तो दूसरे हाथ को उसकी खबर भी नहीं होनी चाहिए। क्योंकि जब भलाई का प्रचार होने लगे, तो उस भलाई में अहंकार की छाया आ जाती है और पुण्य का भाव कम होने लगता है। मेरा विश्वास है कि ईश्वर मनुष्य को माध्यम बनाता है, कर्ता नहीं। इसलिए मैं यह बार-बार कहता हूँ कि "हे प्रभु, मुझसे भलाई के चाहे जीतने भी काम करवाते रहना, लेकिन मुझमें उसका श्रेय लेने की इच्छा कभी भी मत पनपने देना।"

मेरे अनुसार, सच्ची सेवा वही है जो नाम, यश और पहचान से मुक्त हो। जिस दिन मदद करते समय कैमरा, पोस्ट या तारीफ़ की अपेक्षा जुड़ जाए, उस दिन सेवा सौदा बन जाती है। मैं मानता हूँ कि भलाई का फल समाज नहीं, अंतरात्मा देती है। जब अंतरात्मा संतुष्ट हो, तो वही सबसे बड़ा पुरस्कार होता है और यही सही राह पर कदम है।

मैंने ईश्वर को मंदिरों की मूर्तियों में सीमित नहीं माना। मेरे लिए ईश्वर प्रकृति और इंसान दोनों में बसता है। मैं

पंचमहाभूत याने धरती, आकाश, वायु, अग्नि और जल इनको ही ईश्वर का रूप मानता हूँ। मेरी साधक सोच के अनुसार, प्रकृति की रक्षा करना और इंसान की मदद करना ही सच्ची पूजा है। मैं अक्सर अपने मित्रों के बीच यह कहता हूँ, "आज के समय में अच्छाई और बुराई बाहर नहीं, हमारे भीतर साथ-साथ रहती हैं। सवाल यह नहीं कि बुराई है या नहीं, सवाल यह है कि हम किसे बढ़ावा दे रहे हैं।" इस बात की उचित समझ हर दिन हमें बेहतर इंसान बनने की प्रेरणा देती है।

मैं जब भी पुराने किस्से याद करता हूँ जिनमें से एक किस्सा एक चित्रकार की कथा है, जिसने पहले एक व्यक्ति को उसकी किशोरावस्था में देखकर ईश्वर का चेहरा बनाने का प्रयत्न किया और फिर कुछ समय के बाद किसी अन्य व्यक्ति को देखकर बुराई का चेहरा बनाया, लेकिन अंत में उस चित्रकार ने पाया कि दोनों चेहरे एक ही इंसान के थे। मैं यह मानता हूँ कि ये किस्से कुछ कहना चाहते हैं। मैं इस कहानी से यह समझ पाया कि इंसान जैसा सोचता है, वैसा ही बन जाता है।

व्यापार भी ऐसा ही है - अगर सोच सेवा की हो, तो वह साधना बन जाता है; अगर सोच लालच की हो, तो वही अपराध बन सकता है। इसलिए मैंने तय किया कि अपने आसपास सही लोगों और सही विचारों को

चुनुँगा। मैं यह बात पूरे विश्वास से कह सकता हूँ कि जिस दिन मैंने अपना आध्यात्म छोड़ दिया, अपने साधक विचारों से मुंह मोड़ लिया,उसी दिन मेरी असली प्रगति रुक जाएगी। यही मेरे जीवन का सबसे बड़ा सत्य है।

मेरे द्वारा रचित एक पंक्ति जिसमें एक बहुत ही गहरी बात है -

"सही सोच ही वह पूँजी है,
जो हर निर्णय को उचित दिशा में बदल सकने की
ऊर्जा देती है।"

सार वाक्य - व्यापार केवल मुनाफ़े का एक साधन नहीं, बल्कि आत्मिक संतुलन, सेवा और सही सोच की यात्रा होना चाहिए। जब व्यापार साधना बन जाए और नीयत सेवा की हो, तभी सफलता सुकून देती है और जीवन अर्थपूर्ण बनता है।

अध्याय 10: एक सफल व्यक्ति का स्वभाव व आदतें

"आदतों की अदृश्य राह, जिससे तय होती है जीवन की दिशा"

फोकस याने ध्यान केंद्रित करने की शक्ति और अनजानी आदतें:

यह कहानी किसी एक व्यक्ति की नहीं, बल्कि उन सभी लोगों की है जो मेहनत करते हैं, लेकिन यह नहीं समझ पाते कि उनकी ज़िंदगी जिस दिशा में जा रही है, उसकी असली वजह क्या है। जीवन की सबसे बड़ी ताकत जो हमारे जीवन की उपलब्धियों का सार होती है वह दरअसल हमारे ही हाथ में होती है, जिसे हम फोकस कहते हैं। पर विडंबना यह है कि अधिकतर लोग यह जानते हुए भी नहीं जानते कि उन्हें किस पर फोकस करना चाहिए। दिन भर की भागदौड़, काम की थकान और जिम्मेदारियों के बीच इंसान कई ऐसे काम करता रहता है, जिन कामों का कारण उसे खुद नहीं पता होता। अधिकतर लोग कह देता हैं, "यह तो अपने आप हो गया।" लेकिन सच यह है कि कुछ भी अपने आप नहीं होता। हमारे अचेतन मन में बैठी आदतें धीरे-धीरे हमारे फैसलों को चलाने लगती हैं

और हमें पता भी नहीं चलता कि हम किस दिशा में बढ़ रहे हैं।

गौतम बुद्ध और राजा की सीख:
गौतम बुद्ध की जीवन कथा में एक बहुत ही शिक्षाप्रद प्रसंग इस प्रकार है कि एक बार गौतम बुद्ध प्रवचन दे रहे थे। उस समय एक शक्तिशाली राजा भी उनके प्रवचन को सुनने आया हुआ था। राजा बड़े ही ध्यान से बुद्ध की बातें सुन रहा था।

प्रवचन के दौरान गौतम बुद्ध कई बार बीच में ही रुक जाते और राजा के दाहिने पैर की ओर देखने लगते। कुछ क्षण रुकने के बाद वे फिर से बोलना शुरू कर देते। जब यह घटना दो-चार बार हो गई, तो राजा के मन में जिज्ञासा जागी।

राजा ने बड़ी ही विनम्रता से पूछा,
"हे अरहंत, आप अपनी बात पूरी किए बिना ही बार-बार रुक जाते हैं और हर बार मेरे दाहिने पैर की ओर देखते हैं। ऐसा क्या है जो आपको रोक रहा है?"

गौतम बुद्ध ने सीधे उत्तर देने के बजाय राजा से ही प्रश्न किया,
"हे राजन, क्या आपको यह पता है कि मेरी बात सुनते समय आपका दाहिना पैर लगातार हिल रहा है?"

यह सुनकर राजा आश्चर्य में पड़ गया और बोला, "हे बुद्ध, मुझे इसका तनिक भी आभास नहीं था कि मेरा पैर हिल रहा है।"

तब गौतम बुद्ध ने शांत स्वर में कहा, "हे राजन, जब शरीर या मन की कोई क्रिया बिना जागरूकता के चलने लगती है, तो वही क्रिया आगे चलकर विनाश का कारण बन सकती है। आज आपका पैर हिल रहा है, ऐसी आदत के अनुसार कल यदि आपके हाथ में तलवार आ जाए, तो संभव है कि किसी की गर्दन कट जाए और तब भी आपको अपने कर्म का अहसास न हो।"

यह बात राजा के हृदय में गहराई से उतर गई। वह तुरंत सचेत हो गया और अपनी इस आदत पर ध्यान देने लगा। जागरूकता के अभ्यास से उसने स्वयं में सुधार किया और इस सीख को जीवन भर स्मरण रखा।

यही संदेश इस कहानी की नींव बनता है - अपनी आदतों के प्रति साक्षी बनना, उन्हें देखना और समझना।

शुरुआत का दौर और बिना दिशा की मेहनत:
मैं जब अपने शुरुआती दिनों की याद करता हूँ, तो मुझे यह साफ़ दिखाई देता है कि उस समय मुझे बहुत मेहनत करनी पड़ रही थी और दिशा भी स्पष्ट नहीं थी। न दिन का कोई प्लान था और न ही कोई सिस्टम। जो काम सामने आया, वही कर लिया। इसी दौर में मैंने रियल एस्टेट का रास्ता चुना। यह एक ऐसा क्षेत्र था जो पूरी शिद्दत वाली मेहनत मांगता है। जैसे सुबह जल्दी उठना, अपना काम सुबह जल्दी शुरू करना, दिन भर अपने काम के प्रति ईमानदार रहना और देर रात तक उफ़ न करना इसी श्रेणी में फील्ड में सहज रहना, नए-नए लोगों से मिलना, हर बिक्री वाले प्रोजेक्ट को देखना और दिखाना, अपने प्रोजेक्ट को ठीक से जानना यह सब कुछ बिना किसी तय शेड्यूल के बहुत थका देने वाला बन जाता है। यहाँ मेरा मानना हैं कि एक आदत के सुधार से बहुत कुछ बदल सकता है और वह आदत है जल्दी उठने की आदत। इसके अलावा लगातार काम करने की आदत जो आगे चलकर भविष्य में आपको एक अगल पहचान दिला सकती है।

"अब मेहनत से क्यों घबराना, जब जीवन को है संवारना"

जागरूकता का जन्म:
समय के साथ मैंने एक नई बात सुनी और उस बात का अनुसरण मैंने हर दिन किया, वह बात थी - सुबह दिन की शुरूआत धन्यवाद से की जाए, ऐसा करने पर हमारी और हमसे मिलने वाले हर व्यक्ति की सोच बदलने लगती है। धन्यवाद - हर सुबह कुछ मिनट ईश्वर को, अपने अच्छे स्वास्थ्य और अवसरों के लिए प्रकृति को, सही लोगों को और अपने परिवार को। इन सबको धन्यवाद कहते हुए मैं अपने भविष्य की कल्पना करता हूँ, अपने विज़न को महसूस करता हूँ। इस सब से धीरे-धीरे मेरी सोच में बड़े बदलाव आए हैं। मैं जल्द ही परिस्थितियों का शिकार नहीं होता, बल्कि अपने फैसलों का निर्माता बनने का पूरा प्रयत्न करता हूँ। मैं यह विचार रखता हूँ कि

"जहाँ मेहनत के साथ समझदारी जुड़ने लगती है वहाँ प्रकृति आपके साथ न्याय करती है।"

अनुशासन और Real Maker की सोच:
जब मैंने एक सोच, एक सहमती वाली टीम के साथ यह कंपनी शुरू की, तब एक और सच्चाई मेरे सामने आयी - बड़े लक्ष्य बिना अनुशासन के पूरे नहीं होते। अब मेरा दिन प्लान के साथ शुरू होता है। सुबह उठते ही अपना विज़न देखना, दिन का स्पष्ट एजेंडा बनाना, महीनों को हफ्तों में और लक्ष्यों को छोटे कदमों से

जोड़ना मेरी दिनचर्या बन गया है। दीवार पर लगा विज़न-बोर्ड सिर्फ सजावट के लिए नहीं होता है, बल्कि हर दिन महत्वपूर्ण कामों के साथ-साथ लक्ष्य की याद दिलाने वाली ताकत होता है। यही अनुशासन मुझे साधारण मेहनती व्यक्ति से एक स्पष्ट सोच वाले निर्माता में बदलता है।

सोच, क्रोध और बीज का नियमः

जीवन ने मुझे यह भी सिखाया कि जैसी सोच हम बोते हैं, वैसा ही फल पाते हैं। गुस्सा, नकारात्मकता और प्रतिक्रिया - ये सब ऐसे बीज हैं जो अंदर ही अंदर ऊर्जा को खा जाते हैं। मैंने अपने जीवन में गुस्से की कीमत चुकाई है। इसलिए मैंने खुद के लिए छोटे लेकिन प्रभावी नियम बनाए हैं जैसे गुस्सा आने पर एक गिलास पानी पीना, गहरी सांस लेना और गुस्से की स्थिति से थोड़ी दूरी बना लेना। इससे मैं किसी बड़े नुकसान से बच पाता हूँ। यह आदत मुझे भावनाओं का गुलाम बनने से रोक लेती हैं।

स्वास्थ्य और क्षमा का महत्वः

जब जीवन की कहानी आगे बढ़ती है तब एक और सच्चाई सामने आती है - अगर शरीर साथ नहीं देगा, तो कोई भी सपना साथ नहीं देगा, न ही पूरा होगा। इसलिए हमें अच्छे स्वास्थ्य को पहला निवेश मानना होगा। नियमित व्यायाम, सादा भोजन, घर का खाना

और पूरी नींद - ये सब आपकी आदतों का हिस्सा बन जाना चाहिए। साथ ही, हमें क्षमा को भी अपनाना चाहिए। व्यापार में गलतियाँ होती हैं, लेकिन हर गलती पर लड़ना ज़रूरी नहीं। पहली गलती माफ़, बार-बार गलती करने वालों से दूरी - ये नियम हमारे मन को हल्का बनाए रखते हैं।

गिरकर संभलने की आदत:
हर व्यवसाय में ऐसे दिन आते हैं जब सब कुछ बिखरता हुआ लगता है। प्लान फेल हो जाते हैं, पैसा नहीं बनता और मन टूटने लगता है। लेकिन हमें एक बात पक्की कर लेनी चाहिए कि पैसा खत्म होना असफलता नहीं है, ऊर्जा खत्म होना असफलता है। मुझे भरोसा है कि अगर हर बार शून्य से भी शुरू करें, तो अनुभव के दम पर दोबारा खड़े हो सकते हैं। यह आत्मविश्वास मेरी सबसे बड़ी ताकत बन गया है। इस आदत से जीवन में सफलता और असफलता की परेशानियों से आगे निकलने की राह आसान बन गई है।

धैर्य, फॉलो-अप और नेटवर्किंग:
रियल एस्टेट ने मुझे धैर्य सिखाया है। कई क्लाइंट ऐसे थे जो सालों तक सिर्फ फॉलो-अप में रहे। सही समय पर, सही तरीके से जुड़े रहना - यही फॉलो-अप का असली अर्थ है। इसके साथ ही मैंनें नेटवर्किंग को भी

आदत बनाया। हर दिन नए लोगों से मिलना, भरोसा बनाना और नए विचार लाना। मैं जानता हूँ कि बाजार रोज़ बदलता है और मुझे भी अपने आप को उससे तेजी से परिवर्तित करना होगा। समय के साथ समय का हाथ थामे चलना होगा।

आदतें ही पहचान बनाती हैं:

इस यात्रा में एक साफ़ संदेश है - आज मैं जो कुछ भी हूँ, वह मेरी किसी डिग्री या किस्मत की वजह से नहीं, बल्कि अपनी सही सोच और सही आदतों की वजह से हूँ। मैंने बहुत सारी किताबें नहीं पढ़ीं, लेकिन जो पढ़ीं, उनसे एक के बाद एक कई अच्छी आदतें निकलीं और इन आदतों को मैंने जीवन में उतारा। जब आदतें बदलीं तब सोच बदली और धीरे-धीरे जीवन बदल गया। यह यात्रा निरंतर जारी है, क्योंकि आदतें हर दिन नए भविष्य की नींव रखती हैं।

मेरे अनुसार रियल एस्टेट के क्षेत्र में एक सफल व्यक्ति की 10 दैनिक आदतें:

1. सुबह जल्दी उठकर दिन की स्पष्ट शुरुआत करना।
2. रोज़ अपने लक्ष्य और विज़न को देखना।
3. स्वास्थ्य को प्राथमिकता देना।
4. समय का अनुशासित उपयोग करना।

5. सकारात्मक सोच और धन्यवाद की भावना रखना।
6. गुस्से और प्रतिक्रिया पर नियंत्रण रखना।
7. लगातार सीखते रहना और किताबों से निचोड़ निकालना।
8. फॉलो-अप और धैर्य को आदत बनाना।
9. नए लोगों से जुड़ना और नेटवर्किंग करना।
10. गिरने के बाद दोबारा खड़े होने की हिम्मत रखना।

यही आदतें किसी भी साधारण व्यक्ति को असाधारण बना सकती हैं।

सार वाक्य – हमारे जीवन और व्यापार की दिशा हमारी आदतों और फोकस से तय होता हैं; जागरूकता के बिना मेहनत का सही मोल मिल पाना आसान नहीं है।

सही सोच, अनुशासन और सकारात्मक आदतें अपनाकर ही साधारण व्यक्ति असाधारण सफलता तक पहुँचता है।

अध्याय 11: असफलता नए जीवन का संकेत

असफलता का प्रश्न -

असफलता यह एक शब्द सुनते ही मन में भय, निराशा और रुक जाने का भाव आ जाता है। लेकिन जीवन की सच्चाई इससे कहीं गहरी होती है। मैं भी कभी इसी सवाल से जूझ रहा था कि असफलता आखिर होती क्या है। मैंने धीरे-धीरे समझा कि जब तक इंसान के हाथ-पैर चल रहे हैं, दिमाग सोच सकता है और शरीर स्वस्थ है, तब तक असफलता नाम की कोई चीज़ स्थायी नहीं होती। पैसा जा सकता है, अवसर छूट सकते हैं, लेकिन अगर हिम्मत और सोच ज़िंदा है, तो रास्ते भी ज़िंदा रहते हैं। यही सोच मेरे जीवन की पहली बड़ी सीख बनी।

सपनों का टूटना और नया मोड़ -

मेरे जीवन का सबसे बड़ा सपना था सरकारी नौकरी में उच्च पद प्राप्त करना। मैंने वर्षों तक तैयारी की, उम्मीदें पालीं और खुद को उसी दिशा में ढाल लिया। लेकिन जब परिणाम सामने आया, तो सपना टूट गया। उस समय मुझे लगा कि मैं असफल हो गया हूँ। समाज की नज़र, परिवार की चुप्पी और खुद की निराशा यह सब कुछ एक साथ आ खड़ा हुआ। पर समय के साथ

मुझे एहसास हुआ कि यह असफलता नहीं, बल्कि जीवन का मोड़ था। अगर वह सपना पूरा हो जाता, तो शायद आगे की पूरी यात्रा ही शुरू न होती। मैं आज यह मनाता हूँ कि जो कुछ टूटकर बिखरता है, वही अक्सर नया रास्ता दिखाता है।

असफलता और नुकसान का फर्क -

जीवन और व्यवसाय में एक बुनियादी फर्क होता है, वह फर्क है असफलता और नुकसान का फर्क। मैंने सीखा कि नुकसान होना असफलता नहीं है। असली असफलता तब होती है जब इंसान गलत दिशा में अड़ा रहता है। अगर किसी रास्ते पर आगे बढ़ने की कोई संभावना नहीं बची, तो वहाँ जिद करना समझदारी नहीं। लेकिन अगर वही काम आपकी पहचान है, आपकी विशेषज्ञता है और आपका सपना है, तो छोटी-छोटी हारें भी आपको रोक नहीं सकतीं। यह समझ ज़िंदगी के बारे में हमारे सोचने के तरीके को पूरी तरह बदल देती है।

बिखरता फोकस -

एक समय ऐसा आया जब मेरा मुख्य व्यवसाय डगमगाने लगा। रियल एस्टेट का बाज़ार मंदा था। तब लगा कि मुझे नए रास्ते खोजने चाहिए। इस विचार के वशीभूत मैंने कुछ नए विभाग भी शुरू किए जैसे - इंटीरियर, एजुकेशन अकैडमी, इंटर्न प्रोग्राम, रेंटल

डिविजन, सेकेंडरी मार्केट और यहां तक कि एक पोर्टल भी लॉन्च किया। डेढ़ साल में मेरे द्वारा एक बड़ी रकम और अनगिनत घंटे इन सब उपक्रमों पर खर्च कर दिए गए। बाहर से सब कुछ विस्तार जैसा दिख रहा था, लेकिन अंदर मेरा फोकस मुख्य मार्ग से हट चुका था। जिस काम में मैं सबसे अच्छा था, वही सबसे ज़्यादा पीछे होने लगा था।

आत्म-विश्लेषण की सच्चाई -

एक दिन, मैंने खुद के साथ ईमानदारी से बैठकर आत्म-विश्लेषण का फैसला लिया। मैंने खुद से कुछ सवाल पूछे - मेरा असली काम क्या है? मैं किसमें सबसे बेहतर हूँ? जवाब बिना किसी भ्रम के सामने था - रियल एस्टेट मार्केटिंग। यह स्वीकार करना आसान नहीं था कि इतने सारे प्रयास गलत दिशा में थे और यह समझना भी कठिन नहीं था कि इन सब में मेरे लिए सदा ही उचित मार्ग कौन-सा था - रियल एस्टेट मार्केटिंग। इसलिए मैंने धीरे-धीरे लगभग सारे ही नए विभाग अपनी टीम के जिम्मेदार व्यक्तियों के सुपुर्द कर दिए। यह जरुर है कि पैसा चला गया, समय चला गया, पर बदले में जो अनुभव मिला, वह अनमोल था। जैसे ही मैंने अपना फोकस फिर से एक ही दिशा में लगाया, मेरे काम में पहले जैसी गति और मेरा आत्मविश्वास फिर लौटने लगा।

सही मेंटर का महत्व -
मेरी जीवन यात्रा में एक और महत्वपूर्ण सबक यह था कि हमारे व्यापार को आगे बढ़ाने के लिए बिज़नेस मेंटर (व्यवसाय का मार्गदर्शक) ऐसा व्यक्ति होना चाहिए जिसे हमारे बिज़नस फील्ड की गहरी समझ हो। अलग क्षेत्र का व्यक्ति गलत नहीं होता, लेकिन उसे हमारी फील्ड समझने में समय लगता है और व्यवसाय में समय सबसे महंगी पूंजी होती है। सही मार्गदर्शन सही समय पर मिल जाए, तो बड़ी गलतियाँ टाली जा सकती हैं। इस अनुभव ने मुझे सिखाया कि सलाह लेना ज़रूरी है, लेकिन स्त्रोत का सही होना बहुत ज़रूरी है।

खुद से बातचीत -
हम अक्सर दुनिया से बहुत बातें करते हैं जैसे कि ग्राहकों से, दोस्तों से, सलाहकारों से। लेकिन खुद से बैठकर बात करने का समय नहीं निकालते। मैंने अपनी डायरी और कलम के साथ खुद से सवाल करना शुरू किया, कुछ ऐसे सवाल - मैं क्यों थक गया हूँ? मुझे किस बात का डर है? मैं क्या खो रहा हूँ और क्या पाना चाहता हूँ? यह सबसे कठिन लेकिन सबसे सच्ची बातचीत थी। कई समस्याएँ वहीं पिघल गईं, क्योंकि जवाब बाहर नहीं, अंदर ही थे।

परिवार और सच्चा सहारा -
मैंने अपने आसपास ऐसे कई उदाहरण देखे, जहाँ लोग बड़े नुकसान का बोझ नहीं सह पाए। करोड़ों का नुकसान, कानूनी मामले और बदनामी - इन सबके दबाव में कुछ लोग टूट गए। उन्होंने सोचा, काश उन्होंने अपने परिवार से, अपनी पत्नी से, अपने करीबियों से बात की होती। कोई भी समस्या ऐसी नहीं जिसका हल न हो। परिवार और सच्चे दोस्त वह सहारा होते हैं, जो सबसे जटिल ताले भी खोल सकते हैं।

खुला ताला और बंद सोच -
मेरे जीवन के अनेक अनुभवों में से एक प्रसंग मेरे मन में गहराई से अंकित है। एक बार एक श्रेष्ठ ताला खोलने वाले व्यक्ति को जेलर ने विशेष रूप से आमंत्रित किया। जेलर ने उसे एक चुनौती दी - "यदि तुम सच में अपने हुनर में निपुण हो, तो इस ताले को खोलकर दिखाओ।" वह व्यक्ति आत्मविश्वास के साथ आगे बढ़ा। ताला देखकर उसने पूरी एकाग्रता और कौशल के साथ उसे खोलने का प्रयास शुरू किया। समय बीतता गया। घंटों की मेहनत के बाद हाथ थक गए, मन में बेचैनी और निराशा घर करने लगी। उसे लगने लगा कि यह ताला असाधारण रूप से कठिन है। अंततः जब प्रयासों की सीमा टूटने लगी, तब एक चौंकाने वाला सत्य सामने आया - वह ताला तो कभी बंद ही नहीं था।

यही स्थिति हमारे जीवन की कई समस्याओं की भी होती है। भय, घबराहट और अधीरता में हम मान लेते हैं कि हमारे सामने रास्ता बंद है। हम समस्या को इतना बड़ा बना लेते हैं कि समाधान दिखाई ही नहीं देता। जबकि वास्तविकता यह होती है कि मार्ग पहले से खुला होता है - या बस हमारी जागरूकता की प्रतीक्षा कर रहा होता है।
यह कथा असफलता की नहीं, समझ के जागरण की है। असफलता कोई अंत नहीं, बल्कि जीवन का संकेत है - रुकने का नहीं, ठहरकर सोचने का, दृष्टिकोण बदलने का और सही दिशा चुनने का। जो व्यक्ति यह समझ लेता है कि हर रुकावट बाधा नहीं, बल्कि संदेश है - वही वास्तव में आगे बढ़ता है। और जैसे ही सोच खुलती है, वैसे ही जीवन के बंद प्रतीत होने वाले द्वार स्वतः खुलने लगते हैं।

सार वाक्य:
रास्ते अक्सर बंद नहीं होते, हमारी सोच ही उन्हें बंद मान लेती है।

अध्याय 12: “एक टीम की अनकही कहानी”

सपनों से सपनों के शहर के निर्माण तक -
किसी बड़े सपने की शुरुआत:

हर बड़े सपने की शुरुआत किसी उच्च स्थान से नहीं, बल्कि एक गहरी नींव से होती है। यह नींव ईंट-पत्थर की नहीं, बल्कि इंसानों के विश्वास, मेहनत और साझा सपनों की होती है। इस कहानी की शुरुआत भी ऐसे ही एक सपने से हुई है, यहाँ मैं यह समझ चूका हूँ कि अकेले चलकर केवल दूरी तय की जा सकती है, लेकिन मंज़िल तक पहुँचने के लिए टीम ज़रूरी होती है। मैंने यह देखा है कि दुनिया में जितने भी बड़े बिज़नेस, बड़े नाम और असाधारण उपलब्धियाँ हैं, उनके पीछे एक मजबूत टीम खड़ी होती है। यही सोच मेरे जीवन का टर्निंग पॉइंट बनी। मुझे यह एहसास है कि टीम केवल लोगों का समूह नहीं, बल्कि एक साथ एक ही सपना देखने और उसके लिए एक साथ काम करने का नाम है।

छोटी शुरुआत, बड़ा विज़न:

शुरुआत बहुत साधारण थी। न कोई बड़ा ऑफिस, न बैंक बैलेंस, न नाम-शोहरत। बस तीन-चार लोग थे, जिनके पास एक साझा विज़न था। मेरे पास पैसा नहीं

था, लेकिन जो था, वह किसी भी पूँजी से बड़ा था - एक सच्चा सपना। जब मैंने उस सपने को शब्दों में ढालकर लोगों के सामने रखा, तो अजीब बात हुई। मेरे जैसे ही सपने देखने वाले लोग खुद-ब-खुद मुझसे जुड़ते चले गए। किसी को जबरदस्ती नहीं रोका गया, न ही लालच दिया गया। जो जुड़ा, वह इसलिए जुड़ा क्योंकि उसे इस टीम के सपने में अपना भविष्य दिखा। यही वह पल था, जब एक साधारण समूह धीरे-धीरे टीम में बदलने लगा।

साझा सपनों की ताकत:
मेरी टीम की सबसे खास बात यह थी कि यहाँ केवल कंपनी का सपना सबसे ऊपर नहीं था। यहाँ हर सदस्य से अपने सपने लिखने के लिए कहा जाता और सचमुच हर सदस्य एक डायरी में अपने सपने लिखता है। हर साल, हर नए दौर में, सभी के सपनों को जोड़कर एक साझा लक्ष्य बनाया जाता है। यह लक्ष्य केवल टारगेट या नंबर नहीं होता, बल्कि हर सदस्य की उम्मीदों और इच्छाओं का प्रतिबिंब होता है। जब कोई अच्छा काम करता है, तो उसे सिर्फ तारीफ़ नहीं मिलती है, बल्कि आगे बढ़ने का मौका भी मिलता है। यहाँ पदोन्नति का नियम चरितार्थ होता है और सभी को सम्मान के साथ पारितोषिक भी दिए जाते हैं। यही कारण है कि एक साधारण एक्ज़ीक्यूटिव भी अपनी मेहनत से इस काम को अच्छी तरह सीखकर और

ईमानदारी के बल पर सिटी हेड याने कंपनी के द्वारा निर्धारित एक सम्पूर्ण शहर के बिक्री संचालन की जिम्मेदारी तक पहुँच सकता है। इस एक कदम ने टीम का रूप और आकार क्रमश: संवारने और बढ़ाने में बहुत मदद की है।

भरोसे से बनी लीडरशिप:

हमारी टीम में एक व्यक्ति ऐसा भी है, जो कभी क्लाइंट बनकर आया था। रिटायरमेंट के बाद उसने नई शुरुआत की। पहले सेल्समैन बना, फिर प्रोजेक्ट हेड और आज वह रियल मेकर कंपनी की तरफ से एक बड़े शहर की जिम्मेदारी संभाल रहा है। यह किसी चमत्कार की कहानी नहीं है, बल्कि सिस्टम और भरोसे की जीत है। यहाँ सैलरी, इंसेंटिव और अधिकार - तीनों को बराबर महत्व दिया जाता है। हमारी टीम में पैसे का लालच नहीं, बल्कि निर्णय लेने की शक्ति दी जाती है। मेहनत करने वाले को उसका पूरा फल मिले, यही इस सिस्टम की आत्मा है।

टीम नहीं, परिवार:

जैसे-जैसे टीम बढ़ी, जिम्मेदारियाँ भी बढ़ीं। हमारे यहाँ टीम को परिवार की तरह संभाला जाता है। अगर दस लोग पूरी निष्ठा से काम कर रहे हैं, तो लीडर की जिम्मेदारी बनती है कि वह उनकी हर चिंता समझे। उनकी फैमिली, उनकी सेहत, उनकी परेशानियाँ इन

सबको महत्वपूर्ण मानकर आगे बढ़े। किसी इमरजेंसी में एडवांस, हेल्थ इंश्योरेंस, ट्रिप्स, सेलिब्रेशन और कंपनी एनिवर्सरी पर सम्मान - ये सब खर्च नहीं, बल्कि निवेश माने जाते हैं। क्योंकि जब इंसान सुरक्षित महसूस करता है, तभी वह पूरी ताकत से काम कर पाता है।

टूटती टीमों की सच्चाई:
हर बिज़नस में चुनौतियाँ होती हैं और रियल एस्टेट के क्षेत्र में भी लोग आते-जाते हैं। अधिकतर लोग गलत उम्मीदों के साथ इस क्षेत्र में आते हैं। एक ऐसी अपेक्षा कि पहले दिन डील, पहले महीने पैसा - लेकिन हकीकत इससे बहुत अलग है। हमारे द्वारा यह बताया जाता है कि कम से कम 90 दिन की ट्रेनिंग जरुरी होती है और अगले 90 दिन स्वयं को ग्राहकों के सामने अच्छी तरह से प्रेजेंटेशन देने की तैयारी के होते हैं। यदि यह प्रक्रिया दी गई विधी से पूर्ण होती है तो आप धैर्य की इस परीक्षा को पास कर लेते हैं और जो यह परीक्षा ईमानदारी से पास कर लेता है, वही इस क्षेत्र में तेजी से आगे बढ़ता है और उसे भविष्य में पीछे मुड़कर देखने की जरुरत नहीं होती है। इस क्षेत्र में जो सबकुछ जल्दी चाहता है, वह रास्ते में ही कहीं पीछे छूट जाता है।

सही दिशा का महत्व:

रियल एस्टेट के क्षेत्र में कई लोग आते हैं और बहुत मेहनत करते हैं, लेकिन गलत प्रोजेक्ट पर मेहनत करने वाले या सही जानकारियों या सही मार्गदर्शन के अभाव में काम करने वाले व्यक्ति इस क्षेत्र को ही गलत मान लेते हैं और दुबारा इस क्षेत्र में काम नहीं करना चाहते हैं। लेकिन हमारे पास एक साफ नियम है - अगर आप खुद किसी प्रोजेक्ट में स्वयं निवेश कर सकने की योजना बना सकते हैं, तभी किसी अन्य व्यक्ति या ग्राहक को वह प्रोजेक्ट दिखाने जाओ। लीगल और RERA अप्रूव्ड प्रोजेक्ट, पूरी जानकारी के साथ साइट विज़िट, डॉक्युमेंट की सही समझ और सीनियर लीडर के सपोर्ट वाले प्रोजेक्ट्स ही नए सदस्य या ग्राहक के लिए हितकरी हो सकते हैं। इसी क्रम में यदि पेआउट समय पर आता है और आपका भरोसा नहीं डगमगाता है तो यह आपकी सफलता को सुनिश्चित कर देता है।

"पहले ईमानदारी, फिर दुकानदारी" – यह हमारी टीम की सफलता का मंत्र है।

नेतृत्व की असली परीक्षा:

एक सच्चा लीडर अपनी कुर्सी के मोह से बंधकर नहीं रहता। बस यही बात हमारी टीम में खुले मंच से बहुत ही स्पष्टता से कही जाती है कि अगर कोई बेहतर लीड

कर सकता है, तो नेतृत्व बदलने में कोई हिचक नहीं होनी चाहिए। हर व्यक्ति को अपनी योग्यता के अनुसार अवसर मिलना चाहिए। हम यह बात इसलिए कह पाते है क्योंकि हमें अपने सिस्टम पर भरोसा है। यही सोच रियल मेकर की टीम को मजबूत बनाती है। हर इंसान के अंदर ऊर्जा होती है, लेकिन सही मार्गदर्शन और उचित दिशा न मिले तो वही ऊर्जा हर दिन सिर्फ समय की बर्बादी और निराशाओं में खर्च हो रही होती है। इसलिए हमारी टीम का असली काम है - ऊर्जावान व्यक्तियों की ऊर्जा को सही दिशा देना।

टीम की आत्मा:

टीम की बैठकों में अक्सर एक कविता दोहराई जाती है –

मुट्ठी में कुछ सपने लेकर,
जेबों में आशाएँ भरकर,
दिल में एक अरमान लिए
कुछ कर जाएँ, कुछ बन जाएँ।

कदमों से कदमों को बांधें
हाथों से हम हाथ मिलाएं
सपने को सपनों से जोड़ें
हम बढ़ जाएं, कुछ कर जाएँ।

हर कोई ना साथ रहेगा
हर कोई ना हमसे जुड़ेगा
जो जुड़ जाए वह जुड़ जाए
हम जुड़ जाएँ, कुछ कर जाएँ।

हिम्मत तेरी हम बन पाएँ
ताकत तेरी हम बन पाएँ
जो तू भी संग मुस्काए तो
हम मिल जाएं, कुछ कर जाएं।

छोटे तो सपने ही नहीं
झूठे से हम जुड़ते ही नहीं
बढ़ना आदत है बन गई
हम लड़ जाएं, कुछ बन जाएं।

यह पंक्तियाँ सिर्फ शब्द नहीं है, बल्कि रियल मेकर टीम के हर मुख्य सदस्य की भावना है। इस टीम में एक प्रचलित वाक्य सदा याद दिलाया जाता कि हम सिर्फ खाने-पीने और जीने के लिए नहीं आए हैं। इंसान हैं, तो इंसान की तरह कुछ बड़ा करना ही पड़ेगा। यही विचार टीम को एक वास्तविक पृष्ठभूमि पर जोड़कर रखता है।

अंत नहीं, नई शुरुआत है ये:
यह एक वस्तिकता है जो सिर्फ टीम की कहानी नहीं, बल्कि विश्वास, विज़न और सही प्लेटफॉर्म की कहानी है। अगर किसी युवा के हाथ में यह कहानी पहुँचे और उसे अपनी दिशा मिल जाए, तो यही इस टीम की सफलता है। जब टीम बनती है, सपने पूरे होते हैं और जब सपने पूरे होते हैं, तो साम्राज्य खड़ा होता है, यह सब अकेले नहीं होता, बल्कि हाथ से हाथ मिलाकर साथ चलने से हो सकता है। यही इस यात्रा का सार है, और यही हमारी सबसे बड़ी जीत है।

सार वाक्य - यह कहानी सिखाती है कि बड़े सपनों की नींव केवल पैसा नहीं, बल्कि विश्वास, सही सोच और एकजुट टीम होती है। जब नेतृत्व ईमानदारी, अवसर और साझा सपनों पर टिका हो, तो साधारण शुरुआत भी असाधारण सफलता में बदल सकती है।

अध्याय 13: “भरोसे की ज़मीन पर बड़े सपने”

किताब लिखने की वजह:

कभी–कभी ज़िंदगी में सबसे बड़ा सवाल यह नहीं होता कि हम क्या कर रहे हैं, बल्कि यह होता है कि हम क्यों कर रहे हैं। यह किताब उसी सवाल से जन्म लेती है। यह किताब किसी व्यक्ति को महान दिखाने या उसकी तारीफ़ करने के लिए नहीं लिखी गई। न ही इसका उद्देश्य किसी व्यवसाय या नाम का प्रचार करना है। यह मेरे अब तक के अनुभवों का निचोड़ है, मेरे छोटे से जीवन की एक छोटी सी यात्रा है, मैंने जो ज़िंदगी को जिया है, गलतियाँ की हैं, उनसे सीखा है और फिर आगे बढ़ा हूँ यह उसका वर्णन है और इस किताब को लिखने का उद्देश्य इस रास्ते पर मेरे बाद आने वाले राहगीरों के लिए इस किताब के माध्यम से एक रोडमेप तैयार रखना है। इस किताब में मैंने हर शब्द सोच-समझकर लिखने की कोशिश की है, क्योंकि यहाँ बात सिर्फ अनुभव की नहीं, बल्कि उन लोगों की है जो अपने सपनों की नींव किसी और के भरोसे पर रखते हैं।

यह किताब एक यात्रा है, एक सार है, कोई भाषण नहीं:

यह किताब किसी मंच से दिया गया भाषण नहीं है, जहाँ ऊपर बैठा व्यक्ति नीचे बैठे व्यक्तियों को सूचित कर रहा है, अपनी बात मनवा रहा है या उनका मनोरंजन कर रहा है। यह एक सच्ची यात्रा है, उस रास्ते की कहानी है जिस पर चलते हुए मुझे बहुत-सी ठोकरें लगीं और सही समझ बहुत संघर्षों के बाद आयी। यहाँ खुद को महान साबित करने के लिए दूसरों की किताबों से उठाए गए शब्द और ज्ञान का प्रचार नहीं है, बल्कि यहाँ जो कुछ भी लिखा गया है वह खुद के अनुभव से निकली बातें हैं। यहाँ "देखो मैं क्या हूँ" कहने की कोशिश नहीं की गई है, बल्कि यह बताया गया है कि "मैंने क्या देखा है।", "क्या सहा है" और उन अनुभवों से क्या सीखा है। अगर आप भी रियल एस्टेट के क्षेत्र में अपने सपनों की दिशा में चल रहे हैं, या चलने का साहस जुटा रहे हैं, तो यह एक वास्तविक जीवन की संघर्ष और सफलता की यात्रा शायद आपको आपके ही रास्ते की साथी लगे और आपके मार्ग की कठिनाइयों को सरल कर सके। यही इस किताब का सार है; यही मेरे लिए अनमोल उपहार है।

इस किताब का केंद्र – एक ग्राहक, एक निवेशक और एक सलाहकार:

इस पूरी किताब का असली केंद्र एक खरीददार (ग्राहक), एक निवेशक और एक सलाहकार (जो किसी को प्रॉपर्टी दिलाने में सहायक हो) है। वह ग्राहक जो पहली बार घर खरीदने निकलता है। जिसने सालों की मेहनत, बचत और रुपयों को जोड़कर देखा है एक छोटा-सा सपना कि एक घर हो अपना। वह बहुत अमीर नहीं होता, न ही उसे काग़ज़ों और नियमों की पूरी जानकारी होती है। वह भरोसा करता है एक दोस्त पर या एक सलाहकार पर याने यदि यह कहा जाए की वह एक कोरा कागज़ होता है तो यह बात गलत नहीं होगी। लेकिन यही भरोसा कई बार उसकी सबसे बड़ी कमजोरी बन जाता है। रियल एस्टेट के क्षेत्र में कई ऐसे लोग भी होते हैं जो उस कोरे कागज़ पर दुःख और तकलीफों भरी कहानियाँ लिख देते हैं। इस किताब में मैंने ऐसे ही व्यक्ति के भरोसे की अहमियत और उसकी नाज़ुकता को समझने की कोशिश की है और हर पहलू से उसे सावधान करने की एक निस्वार्थ भावना रखी है। अपने प्रॉपर्टी सलाहकार भाइयों के लिए भी मैंने लिखा है कि प्रॉपर्टी की पूरी जानकारी और सही नियत के साथ इस क्षेत्र में सक्रिय रहें। जिससे किसी ग्राहक या निवेशक का कभी कोई नुकसान न हो और वह जीवन में आपको दुआएं दे।

ग्राहक जागरूकता:

रियल एस्टेट की दुनिया में एक शब्द बहुत आकर्षक होता है - प्री-लॉन्च। ऐसा लगता है जैसे कोई बड़ा मौका हाथ लग रहा हो। लेकिन कई बार कई प्रोजेक्ट्स में इसके पीछे पूरे काग़ज़ का न होना, परमिशन की संभावना, रजिस्ट्रेशन और RERA की सुरक्षा के प्रश्नों के उत्तर कठिन होते हैं। यदि वहाँ कुछ होता है तो सिर्फ वादे। और एक खरीददार या एक निवेशक उन्हीं वादों पर अपनी बड़ी पूँजी लगा देता है। यह किताब उन अनेक कड़वे अनुभवों, उस कड़वी सच्चाई को सामने लाती है, जहाँ एक व्यक्ति अपने सपने जल्दी पूरे होने के लालच में आँखें बंद कर भरोसे के सहारे आगे बढ़ता है और कई बार स्वयं को दोषी ठहराता है। यह सारी बातें एक सावधानी की तरफ संकेत करती है कि जागरूकता ही किसी भी खरीददारी या निवेश का प्रथम चरण होना चाहिए।

गलती किसकी होती है?

अक्सर जब कुछ गलत हो जाता है, तो उंगली सबसे पहले प्रोपर्टी सलाहकार या बिल्डर पर उठती है। यह कहना आसान होता है कि किसी के द्वारा धोखा दिया गया है। लेकिन सच्चाई इससे थोड़ी अलग होती है। कई बार ग्राहक भी बिना जाँचे, बिना समझे भरोसा कर लेता है और सबसे बड़ी बात के एक बड़ी रकम अनजान हाथों में दे देता है। लेकिन, ज़मीन या घर

खरीदते समय काग़ज़ नहीं देखते। यही सबसे बड़ी भूल बन जाती है। सस्ते का लालच या किसी भी प्रकार की जल्दबाजी गलती का मुख्य कारण बन सकता है। यह कहानी सिखाती है कि आज किसी पर भरोसा करना गलत नहीं है, लेकिन बिना जाँच किए भरोसा करना ख़तरनाक हो सकता है।

सही सवाल पूछने की आदत:
इस किताब में एक सरल सीख छुपी है - सही सवाल पूछना। अगर कोई व्यक्ति रियल एस्टेट में निवेश करने जा रहा है, तो उसे खुद से कुछ सवाल ज़रूर पूछने चाहिए। क्या प्रोजेक्ट की लोकेशन सही है? क्या प्रोजेक्ट के आस-पास बड़े डेवलपमेंट आ रहे हैं? क्या प्रोजेक्ट रजिस्टर्ड है? क्या बिल्डर का पिछला रिकॉर्ड सही है? क्या प्रोजेक्ट में नियमों के अनुसार डेवलपमेंट किए जा रहे हैं? क्या इस प्रोजेक्ट में पैसा लगाना एक किफायती सौदा है? अगर इन सवालों का जवाब साफ़ "हाँ" मिलता है, तो निवेश करना समझदारी का फैसला हो सकता है। कई बार इन सवालों के उचित जवाब न मिलने पर रुकना भी आगे बढ़ने से कहीं ज़्यादा सही फैसला हो सकता है।

सही लोकेशन की सोच का महत्व – हमारी टीम निवेश में सबसे ज़्यादा ज़ोर सही लोकेशन पर देते हैं। मैं देखता हूँ कि लोग अक्सर बड़े ब्रांड और चमकदार

वादों के चक्कर में पड़ जाते हैं और असली बात भूल जाते हैं। रियल एस्टेट में ब्रांड से ज़्यादा ज़रूरी लोकेशन होती है। सही लोकेशन पर किया गया साधारण निवेश भी समय के साथ बड़ा रिटर्न देता है, जबकि गलत लोकेशन पर किया गया महँगा निवेश भी नुकसान करा सकता है। इसलिए निर्णय भावनाओं से नहीं, सही समझ से लेना चाहिए।

पहला घर सिर्फ निवेश नहीं होता:

पहला घर कभी सिर्फ़ निवेश नहीं होता। वह ईंट-पत्थर से ज़्यादा भावनाओं से बनता है। उसमें माता-पिता की उम्मीदें होती हैं, बच्चों के सपने होते हैं और बुज़ुर्गों की सुरक्षा छुपी होती है। इसीलिए पहला घर चुनते समय रिटर्न की बात बाद में आती है। पहले यह देखा जाता है कि स्कूल, अस्पताल, ऑफिस, बाज़ार और रोज़मर्रा की ज़िंदगी कितनी दूरी पर है। क्योंकि पैसा बाद में बढ़ता है, पहले ज़िंदगी चलती है।

यह किताब बार-बार इस बात पर ज़ोर देती है कि घर और निवेश में फर्क समझना बेहद ज़रूरी है। घर वह जगह है जहाँ जीवन रोज़ साँस लेता है, और निवेश वह निर्णय है जिससे भविष्य की सुरक्षा जुड़ी होती है। अगर यह अंतर न समझा जाए, तो गलत जगह लिया गया घर हर दिन की ज़िंदगी को कठिन बना सकता है। लंबा सफ़र, थकान, समय की कमी और परिवार

के साथ समय न बिता पाना यह सब हमारी भावनाओं को तकलीफ पहुंचता है।

यदि किसी कारणवश किसी व्यक्ति को अपना पहला घर स्कूल, अस्पताल, ऑफिस या बाज़ार जैसी बुनियादी सुविधाओं से दूर लेना पड़ता है, तो उस स्थिति में सिर्फ़ घर खरीद लेना ही काफ़ी नहीं होता। उसे स्वयं को और अपने परिवार के हर सदस्य को मानसिक, शारीरिक और भावनात्मक रूप से मज़बूत बनाए रखने के लिए प्रेरित करना अनिवार्य हो जाता है। क्योंकि घर केवल रहने की एक जगह नहीं होता - वह जीवन जीने की व्यवस्था होता है। और घर वही है जो सपनों को सच करने के साथ-साथ ज़िंदगी को भी आसान बनाए।

निवेश की सोच अलग होती है:

जब बात दूसरे या तीसरे घर या प्लाट की आती है, तो सोच बदल जाती है। वहाँ भावनाओं से ज़्यादा गणित चलता है। उस लोकेशन पर कीमत क्यों बढ़ेगी, भविष्य में डिमांड और सप्लाई की तुलना में अंतर क्या होगा, नया इंफ्रास्ट्रक्चर क्या आ रहा है - ये सवाल अहम हो जाते हैं। लेकिन फिर भी काग़ज़, परमिशन और बिल्डर का इतिहास उतना ही ज़रूरी रहता है। यह कहानी समझाती है कि चाहे घर हो या निवेश, नींव

हमेशा काग़ज़ों और सच्चाई पर ही रखनी चाहिए। केवल वादों पर भरोसा "ना" करें।

एक घटना जिसने मेरी सोच बदल दी:
मेरी रियल एस्टेट के व्यवसाय की इस यात्रा में एक घटना ऐसी भी हुई जिसने मुझे भीतर तक हिलाकर रख दिया। यह कोई बड़ी व्यावसायिक असफलता नहीं थी, लेकिन उस दिन जो समझ मिली, उसने मेरी सोच हमेशा के लिए बदल दी।

एक महिला ने हमारे यहाँ एक प्लॉट बुक किया। शुरुआत में सब कुछ सामान्य था। कुछ राशि जमा हुई, काग़ज़ी प्रक्रिया पूरी हुई और समय-सीमा तय कर दी गई। लेकिन उसके बाद कई महीनों तक शेष रकम जमा नहीं हो पाई। हमने कई बार उस महिला को इस संबंध में संपर्क करने की कोशिश की। फ़ोन लगाए, संदेश भेजे, लेकिन उस महिला ने न तो फ़ोन उठाया और न ही उसकी तरफ से कोई संदेश भिजवाया। समय बीतता गया और तय की गई समय-सीमा भी निकल गई थी। ऐसे मामलों में आमतौर पर बुकिंग रद्द कर दी जाती है और प्लॉट किसी दूसरे ग्राहक को दे दिया जाता है। उस समय हमारे सामने भी यही विकल्प था। हमें लगा कि शायद उस महिला का मन बदल गया है या फिर वह बाकी की रकम अब नहीं दे पाएगी। लेकिन एक दिन अचानक वह महिला

खुद हमारे ऑफिस आई। उसने निवेदन करते हुए बहुत धीमी आवाज़ में बताया कि वह जानबूझकर संपर्क नहीं कर रही थी, क्योंकि उसके पास उस समय यह प्लाट खरीदने की आगे की प्रक्रिया के लिए कोई उचित जवाब नहीं था।

उसने बताया कि उसने अपने गहने बेच दिए हैं। वही उसके पास इस प्लाट को लेने का आख़िरी सहारा था। उसी पैसे से वह प्लॉट की बाकी रकम साथ लेकर आई थी। उसे कोई छूट नहीं चाहिए थी, कोई समय बढ़ाने की गुज़ारिश नहीं थी। वह बस यही चाहती थी कि उसका प्लॉट सुरक्षित रहे, क्योंकि उसे अपना पहला घर बनाना था।

उस पल मुझे पहली बार बहुत गहराई से समझ आया कि पहला घर किसी के लिए सिर्फ चार दीवारें नहीं होता। वह सालों की मेहनत, त्याग और उम्मीदों से बनता है। उसमें एक परिवार का भविष्य जुड़ा होता है। बच्चों की पढ़ाई, माता-पिता की सुरक्षा और एक स्थिर जीवन का सपना - सब कुछ उसी एक घर से जुड़ा होता है।

उस दिन यह भी साफ़ हो गया कि अगर ऐसे सपने के साथ कुछ गलत हो जाए, तो नुकसान केवल पैसों का नहीं होता। पैसा तो दोबारा कमाया जा सकता है,

लेकिन टूटे हुए सपने, बिखरा हुआ भरोसा और कमजोर पड़ा आत्मविश्वास वापस खड़ा करना बहुत मुश्किल होता है। गलत फैसला किसी इंसान की पूरी ज़िंदगी को कठिन बना सकता है।

यह घटना मेरे लिए केवल एक अनुभव नहीं रही। यह मेरी कार्यशैली की नींव बन गई। मुझे समझ आ गया कि रियल एस्टेट में हर प्लाट के पीछे एक कहानी होती है, और हर सौदे के पीछे किसी की ज़िंदगी की बड़ी पूँजी जुड़ी होती है। पहला घर कभी व्यापार नहीं हो सकता। वह भरोसे और ज़िम्मेदारी का विषय होता है।

इसीलिए आज भी मेरा मानना है कि जो चीज़ हम खुद अपने लिए सही नहीं होने देना चाहते, वह किसी और के साथ भी नहीं होनी चाहिए। उस महिला की कहानी ने मुझे सिखाया कि ईमानदारी केवल सिद्धांत नहीं, बल्कि हर रोज़ निभाई जाने वाली ज़िम्मेदारी है।

ईमानदारी और ज़िम्मेदारी:

इस कहानी का अंत रियल एस्टेट पर नहीं, बल्कि ज़िम्मेदारी पर होता है। सिद्धांत बहुत साफ़ है - जो आप खुद नहीं खरीद सकते, वह किसी और को मत बेचो। यह कोई नारा नहीं, बल्कि अंदर की आवाज़ है। संदेह करना गलत नहीं, बल्कि ज़रूरी है। पहले संदेह करो, फिर जाँच करो। अगर सब सही निकले, तो

निश्चिंत हो जाओ। यह कहानी किसी को डराने या प्रभावित करने के लिए नहीं, बल्कि दिशा देने के लिए है। अगर इसे पढ़कर कोई भी व्यक्ति सही सवाल पूछना सीख जाए और गलत फैसलों से बच जाए, तो यही इस कहानी की सबसे बड़ी सफलता है और वह व्यक्ति हमारे धन्यवाद का पात्र है।

जो रास्ता दिखाया गया है, उसमें सतर्कता है,
भरोसे को जाँच की रोशनी देने की समर्थता है।

अगर एक भी व्यक्ति सही सवाल पूछना सीख जाए,
तो एक सच्ची सोच के आगे बढ़ने पर कृतज्ञता है।

सार वाक्य - यह किताब कोई आत्म-प्रचार नहीं है, बल्कि यह निजी अनुभवों से निकला वह सच है जो कर्मचारियों, ग्राहकों, निवेशकों और सलाहकारों को सही सवाल पूछना और सही निर्णय लेना सिखाता है।

इसका उद्देश्य केवल भरोसे से आगे बढ़ना नहीं, बल्कि जागरूक बनाना है - ताकि किसी का सपना, जल्दबाज़ी या लालच की वजह से न टूटे।

अध्याय 14: "सोच से समाज कल्याण तक का सफ़र"

यह किताब किसी एक व्यक्ति की उपलब्धियों की सूची नहीं, बल्कि उस सोच की यात्रा है जो शब्दों से निकलकर ज़िंदगियों तक पहुँचने का सपना देखती है। यह किताब आरंभ में ही यह तय करने के बाद शुरू की गई थी कि इसे अपने उद्देश्य से भटकने नहीं दिया जाएगा। यह किताब न तो प्रचार का साधन है और न ही किसी ब्रांड की चमक बढ़ाने का तरीका। यह किताब एक प्रक्रिया से गुज़रकर निकली है जो धीरे हो सकती है, जिसमें धैर्य है और पूरी ईमानदारी के साथ है। हर पंक्ति लिखते समय यही सवाल सामने रहा कि क्या यह शब्द किसी के काम आएगा, क्या यह किसी को दिशा देगा। क्योंकि जब यह किताब किसी के हाथ में जाएगी, तो वह केवल पन्ने नहीं पलटेगा, बल्कि एक सोच, एक यात्रा और कई फैसलों की परतों को पढ़ेगा।

दुनिया का एक कड़वा सच यह है कि गलत चीज़ें तेज़ी से फैलती हैं, क्योंकि वे खुद को बेचने में माहिर होती हैं। सच अक्सर चुप रहता है, उसे भरोसा होता है कि लोग खुद समझ जाएंगे। लेकिन आज के दौर में चुप्पी कई बार हार बन जाती है। अगर सच सामने नहीं आएगा, तो उसकी जगह झूठ ले लेगा। यही कारण है

कि इस किताब ने बोलने का फैसला किया। यह किताब मानती है कि सच को भी आवाज़ चाहिए, मंच चाहिए और समय चाहिए। यह किताब उसी आवाज़ को आकार देने की कोशिश है, ताकि सही बातें सही लोगों तक पहुँच सकें।

यह कहानी "मैं" से जरुर शुरू हुई लेकिन इसमें "हम" के लिए एक बहुत बड़ा स्थान है। यहाँ किसी एक व्यक्ति की जीत का जश्न नहीं है, बल्कि सामूहिक सीख की बात है। सवाल यह नहीं है कि रास्ता कैसा रहा, बल्कि यह है कि उस रास्ते पर बाद में आने वाले को हमसे क्या मिल सकता है। अगर इस किताब को पढ़कर किसी व्यक्ति को अपने करियर की दिशा मिल जाए, किसी परिवार की जमा पूँजी गलत हाथों में जाने से बच जाए, या किसी मेहनती इंसान को सही मंच मिल जाए, तो यही इस किताब की असली सफलता होगी। यह कहानी व्यक्तिगत अनुभवों को समाज के लिए अच्छे अनुभव में बदलने की कोशिश है।

विज़न की बात आती है तो अक्सर लोग आंकड़ों की भाषा बोलते हैं - रेवेन्यू, ग्रोथ और वैल्यूएशन। लेकिन इस सोच का दायरा इससे कहीं बड़ा है। सपना यह है कि रियल एस्टेट को एक ज़िम्मेदार, प्रोफेशनल और अवसर देने वाला क्षेत्र बनाया जाए। जैसे एक समय टेक्नोलॉजी ने लाखों लोगों को रोज़गार दिया, वैसे ही

रियल एस्टेट भी सही दिशा में चलकर समाज के लिए बड़ा योगदान दे सकता है। 2030 तक हज़ारों लोगों को रोज़गार, लाखों को स्वरोज़गार, देश के कई शहरों में मौजूदगी और एक मज़बूत संस्थान का निर्माण - ये केवल लक्ष्य नहीं, बल्कि उन ज़िंदगियों की तस्वीर है जिन्हें आगे बढ़ने का मौका मिलेगा।

भारत में प्रतिभा की कमी कभी नहीं रही, कमी हमेशा मंच की रही है। अनगिनत लोग हैं जिनमें काबिलियत है, मेहनत है, सीखने की भूख है, लेकिन सही अवसर न मिलने के कारण वे पीछे रह जाते हैं। यह किताब इसी कमी की ओर इशारा करती है। यह बताती है कि अगर आपके पास पैसा नहीं है, तो भी रास्ता बंद नहीं होता। अगर अनुभव नहीं है, तो भी सीखने का दरवाज़ा खुला रहता है। ज़रूरत है तो केवल उस भूख की, जो इंसान को आगे बढ़ने के लिए बेचैन रखे।

आज के समय में मोटिवेशन की कमी नहीं है। हर जगह जोश है, भाषण हैं, वीडियो हैं। लेकिन मोटिवेशन के बाद दिशा का सवाल खड़ा होता है। यह किताब उसी दिशा का प्रयास है। यह इस प्रकार के प्रयास की पहली किताब हो सकती है, लेकिन सोच की आख़िरी नहीं। इच्छा यही है कि पाठक को यह महसूस हो कि वह किसी मंच से दिया गया भाषण नहीं पढ़ रहा, बल्कि ज़िंदगी से निकली हुई एक सच्ची आवाज़ सुन

रहा है। अगर यह एहसास हम इस किताब में उतार पाए हैं, तो यही इस किताब की सबसे बड़ी जीत होगी।

ऊर्जा का संचार है हर तन के भीतर,
पर मन को राह न मिले मनचाही तब
यह फिर फ़ैल जाती है कई स्तरों पर,
या मिले सही दिशा तो रचती है इतिहास नए।

व्यक्ति जो रुककर खुद से प्रश्न करे,
पहचाने अपनी शक्ति को कम संघर्ष करे,
दिशाहीन हो ऊर्जा तो वह शोर करे,
लेकर जागरूक ऊर्जा हम मंज़िल पर पहुँच गए।

अध्याय 15: अध्यात्म से व्यापार में सफलता

मेरा यह मानना कि "जीवन में मिलने वाली हर जीत और हर उपलब्धि यदि अध्यात्म से जुड़ी नहीं है, तो वह केवल क्षणिक होती है", शायद यह गलत नहीं होगा। बाहर से वह चाहे कितनी ही बड़ी क्यों न दिखाई दे, भीतर से वह व्यक्ति को स्थिरता, शांति और संतुलन नहीं दे सकती। आज के तेज़ रफ्तार और प्रतिस्पर्धा के युग में यह बात और भी अधिक प्रासंगिक हो जाती है, जहाँ सफलता को केवल धन, पद और पहचान से मापा जाने लगा है।

आधुनिक समाज में जीत का अर्थ बदल गया है। अधिक कमाना, ऊँचा पद पाना, बड़ा नाम बनाना - इन्हें ही सफलता का पैमाना मान लिया गया है। पर मैं मानता हूँ कि यदि यह सब भीतर की शांति, नैतिकता और उद्देश्य के बिना प्राप्त किया गया है, तो वह जीत वास्तव में जीत नहीं, बल्कि एक अस्थायी भ्रम है। ऐसी उपलब्धियाँ समय के साथ या तो खो जाती हैं या फिर व्यक्ति को भीतर से खोखला कर देती हैं।

वास्तविक सफलता की शुरुआत आध्यात्मिक सोच से होती है। आध्यात्मिक सोच केवल व्यक्तिगत कल्पना

नहीं होती, बल्कि वह हमारे देखने, सुनने, संगत और विवेक से बनती है। यदि सोच केवल भौतिक लाभ तक सीमित हो जाए, तो कर्म भी उसी दिशा में सीमित हो जाते हैं। ऐसे कर्म भले ही तत्काल परिणाम दें, पर वे दीर्घकालिक संतोष नहीं दे पाते। यही कारण है कि आज अनेक सफल दिखने वाले लोग भीतर से असंतुष्ट, तनावग्रस्त और दिशाहीन दिखाई देते हैं।

मेरे जीवन दर्शन में अध्यात्म कोई अलग से अपनाई गई प्रक्रिया नहीं है। यह जीवन जीने की शैली है। अध्यात्म का अर्थ मेरे लिए संसार छोड़ देना नहीं, बल्कि संसार में रहते हुए सही दृष्टि विकसित करना है। मैं मानता हूँ कि अध्यात्म व्यक्ति को यह सिखाता है कि वह कर्म को साधना माने और सफलता को ईश्वर की कृपा के रूप में स्वीकार करे।

गीता का मूल संदेश **"कर्मण्येवाधिकारस्ते मा फलेषु कदाचन"** मेरी सोच का आधार है। मेरा मानना है कि जो व्यक्ति पहले फल तय करता है, वह कर्म से डरता है, शॉर्टकट ढूँढता है और अंततः अस्थिर सफलता प्राप्त करता है। इसके विपरीत, जो व्यक्ति पूरे मन, ईमानदारी और निष्ठा से कर्म करता है, उसके जीवन में सफलता अपने आप स्थायी रूप से आती है।

अध्यात्म व्यक्ति को यह भी सिखाता है कि जीत केवल दूसरों को हराने का नाम नहीं है। असली जीत स्वयं पर विजय पाने में है - अपने अहंकार पर, अपने लोभ पर, अपने डर और असंतुलन पर। बिना अध्यात्म के प्राप्त की गई जीत अक्सर अहंकार को जन्म देती है। यही अहंकार व्यक्ति को गलत निर्णयों, अनैतिक आचरण और अंततः पतन की ओर ले जाता है।

इतिहास और वर्तमान - दोनों इस बात के साक्षी हैं कि जिन लोगों ने अध्यात्म को नज़रअंदाज़ कर केवल बाहरी सफलता को प्राथमिकता दी, उनकी उपलब्धियाँ स्थायी नहीं रहीं। बड़े साम्राज्य, विशाल व्यवसाय और अपार संपत्ति - सब कुछ होते हुए भी वे अंततः असंतुलित हो गए। इसके विपरीत, जिन लोगों ने अध्यात्म को जीवन का आधार बनाया, उनकी सफलता समय, परिस्थिति और आलोचना - सबके बावजूद स्थिर बनी रही।

अध्यात्म व्यक्ति को सही और गलत के बीच अंतर करना सिखाता है। रियल एस्टेट जैसे क्षेत्र में, जहाँ निर्णयों का प्रभाव सीधे लोगों के जीवन और भविष्य पर पड़ता है, वहाँ अध्यात्म और नैतिकता और भी अधिक आवश्यक हो जाती है। बिना अध्यात्म के व्यापार केवल लाभ का खेल बन जाता है, जबकि

अध्यात्म के साथ व्यापार सेवा और जिम्मेदारी का माध्यम बन जाता है।

मेरे लिए ईमानदारी से किया गया कार्य ही सच्ची पूजा है। अलग से जंगल जाकर तपस्या करना आवश्यक नहीं, यदि व्यक्ति अपने दैनिक कार्यों को पूरी निष्ठा और न्याय के साथ कर रहा है। जब काम साधना बन जाता है, तब सफलता केवल व्यक्तिगत नहीं रहती, वह समाज के लिए भी उपयोगी बन जाती है।

अध्यात्म यह भी सिखाता है कि हर समय जीतना आवश्यक नहीं। कभी-कभी हार, संघर्ष और प्रतीक्षा भी जीवन का हिस्सा होती है। बिना अध्यात्म के व्यक्ति हार को अपमान समझता है, जबकि अध्यात्म से जुड़ा व्यक्ति उसे सीख और तैयारी मानता है। यही दृष्टि व्यक्ति को लंबे समय तक टिके रहने की शक्ति देती है।

अंततः मेरा यह विचार कि "अध्यात्म के बिना हर जीत क्षणिक है" यह केवल एक कथन नहीं, बल्कि जीवन का गहरा सत्य है। स्थायी सफलता वही है जो व्यक्ति को भीतर से शांत, संतुलित और उत्तरदायी बनाए। ऐसी सफलता न केवल स्वयं को, बल्कि समाज को भी आगे बढ़ाती है।

जब जीवन के अंत में यदि यह कहने का संतोष हो कि "मैंने पूरी ईमानदारी से अपना कर्म किया", तो वही सबसे बड़ी उपलब्धि है। वही सच्ची जीत है। और वही अध्यात्म से उपजी स्थायी सफलता है।

मेरी सोच है कि –

जिनके जीवन में अध्यात्म का आधार है,
जिनके लिए कर्म एक साधना है,
उनके लिए सफलता एक सच्ची सेवा है।

युगों की यात्रा केवल समय की कहानी नहीं है, यह मानव चेतना के विकास की कथा भी है। शास्त्रों और पुराणों में वर्णित चारों युग - सतयुग, त्रेतायुग, द्वापरयुग और कलयुग - दरअसल मनुष्य के भीतर चल रहे धर्म और अधर्म के संघर्ष को अलग–अलग रूपों में प्रकट करते हैं।

सतयुग में पाप और पुण्य पूरी तरह स्पष्ट और अलग-अलग थे। उस युग में देवता और दानव न केवल विचारों में, बल्कि अपने अस्तित्व और निवास में भी अलग-अलग थे। दानव दैत्य के रूप में दानव लोक में रहते थे, जबकि देवता देव लोक में अपने दिव्य स्वरूप के साथ निवास करते थे। सही और गलत के बीच कोई भ्रम नहीं था, क्योंकि मनुष्य की चेतना निर्मल और स्थिर थी। जब भी सत्य और असत्य के बीच संघर्ष

उत्पन्न होता, तो वह स्पष्ट रूप से दो शक्तियों के बीच होता। वे एक-दूसरे के लोकों पर आक्रमण करते थे और युद्ध खुले रूप में लड़े जाते थे। उस समय संघर्ष छिपा हुआ नहीं होता था, न ही उसमें छल या भ्रम का स्थान था। जो सत्य के पक्ष में होता था, देवता उसका साथ देते थे या वह देवताओं के साथ होता था और जो असत्य के मार्ग पर होता था, उसका साथ दानव देते थे या वह दानवों के साथ होता था। सतयुग की यही विशेषता थी कि धर्म और अधर्म अपने-अपने स्थान पर स्पष्ट रूप से स्थापित थे। जीवन सरल था, निर्णय कठिन नहीं थे और मनुष्य के भीतर द्वंद्व बहुत कम था, क्योंकि सही मार्ग सामने स्पष्ट रूप से दिखाई देता था।

त्रेतायुग में यह द्वंद्व धरती पर उतर आया। धर्म और अधर्म अब देव लोक और दैत्य लोक तक सीमित नहीं रहे, बल्कि मनुष्य की दुनिया, अर्थात पृथ्वी पर राम और रावण के रूप में स्पष्ट दिखाई देने लगे। एक ओर मर्यादा, त्याग, करुणा और धर्म का आदर्श था, तो दूसरी ओर अहंकार, अपार शक्ति और वासना का प्रभाव। इस युग में संघर्ष बाहरी था - दो व्यक्तित्वों के बीच। सही और गलत की रेखा स्पष्ट थी, इसलिए निर्णय अपेक्षाकृत सरल थे। राम और रावण का युद्ध केवल दो व्यक्तियों का नहीं, बल्कि धर्म और अधर्म के बीच का निर्णायक संग्राम था। अंततः इस युद्ध में धर्म की विजय हुई और यह संदेश स्पष्ट हुआ कि चाहे

अधर्म कितना भी शक्तिशाली क्यों न हो, सत्य और मर्यादा के सामने उसका टिकना संभव नहीं है।

द्वापरयुग में धर्म और अधर्म के बीच का द्वंद्व इसी धरती पर, एक ही परिवार में कौरव और पांडव के रूप में प्रकट हुआ। देव और दैत्य अब अलग-अलग लोकों में नहीं रहे, बल्कि एक ही वंश, एक ही रक्त और एक ही कुल का हिस्सा बन गए। ऐसे में सही और गलत को पहचानना पहले से कहीं अधिक कठिन हो गया। रिश्ते, मोह, स्वार्थ और परिस्थितियाँ निर्णयों को प्रभावित करने लगीं। युद्ध अब केवल अस्त्र–शस्त्र का नहीं रहा, बल्कि नीति, विवेक और धर्मसंकट का भी बन गया। अब प्रश्न यह नहीं था कि कौन देव है और कौन दानव, बल्कि यह था कि धर्म किस ओर है। श्रीकृष्ण का मार्गदर्शन इसी युग की आवश्यकता बना, क्योंकि धर्म को स्थापित करना अब सरल नहीं रहा था। वह परिस्थिति पर निर्भर करने लगा था। सत्य को स्थापित करने के लिए धर्म समर्थकों को अपने ही संबंधियों के विरुद्ध खड़ा होना पड़ा। द्वापरयुग ने यह सिखाया कि धर्म केवल नियम नहीं, बल्कि सही समझ और उचित विवेक का विषय है।

और फिर आता है **कलयुग** - सबसे जटिल युग। इस युग में पाप और पुण्य या देव और दानव अलग लोकों में नहीं हैं, न अलग-अलग व्यक्तियों में, न ही अलग-

अलग परिवारों में हैं। आज धर्म और अधर्म, पाप और पुण्य, देव और दानव एक ही शरीर, एक ही मन और एक ही चेतना के भीतर निवास करते हैं। हर मनुष्य के भीतर एक राम भी है और एक रावण भी। एक कृष्ण भी है और एक शकुनि भी। यह हमारा ही विवेक है कि वह किसको चुनता है और किसका साथ देता है। यदि धर्म और सत्य का साथ देना है तो वर्तमान में कठिनाइयों का सामना करना होगा और यदि अधर्म और असत्य का साथ देना है तो वर्तमान भले ही सहज लगे लेकिन भविष्य कर्मों का हिसाब मांगेगा।

कलयुग की सबसे बड़ी चुनौती यही है कि अब युद्ध बाहर नहीं, भीतर है। हर निर्णय के समय हमारे सामने दो आवाज़ें होती हैं - एक जो आसान, त्वरित और स्वार्थपूर्ण मार्ग दिखाती है; और दूसरी जो कठिन, संयमित और धर्मपूर्ण मार्ग की ओर बुलाती है। अब कोई और आकर युद्ध नहीं लड़ेगा। न कोई देवता अवतार लेगा, न कोई महाभारत का मैदान सजेगा।

अब हमें ही तय करना है कि हम किसे जीताएंगे और किसे हराएंगे।
हर दिन, हर निर्णय में, हर परिस्थिति में।

जब हम लोभ को चुनते हैं, तो भीतर के रावण को शक्ति देते हैं।

जब हम सत्य को चुनते हैं, तो भीतर के राम को जीवित रखते हैं।

जब हम क्रोध में बहते हैं, तो अधर्म जीतता है।
और जब हम विवेक से निर्णय लेते हैं, तो धर्म विजयी होता है।

कलयुग का धर्म यही है - जागरूक चयन।
अध्यात्म अब जंगल में तपस्या नहीं, बल्कि रोज़मर्रा के जीवन में सही को चुनने की शक्ति है। जो व्यक्ति अपने भीतर चल रहे इस युद्ध को पहचान लेता है, वही सच्चा योद्धा है।

अंततः युग बदलते हैं, रूप बदलते हैं, पर संघर्ष वही रहता है। फर्क केवल इतना है कि अब युद्ध का मैदान बाहर नहीं, भीतर है। और विजय का निर्णय - हमारे अपने हाथों में है।

सार वाक्य - अध्यात्म के बिना मिली हर सफलता बाहरी सुख दायक और क्षणिक है, क्योंकि स्थायी जीत वही है जो भीतर शांति, संतुलन और नैतिकता दे।

कलयुग में असली युद्ध बाहर नहीं, हमारे भीतर है - और उचित चुनाव ही सच्ची विजय बन सकता है।

अध्याय 16: सोच का विज्ञान

यह एक स्थापित सत्य है कि सोच बदलने से ज़िंदगी बदलती है। लेकिन अक्सर हम परिणामों पर चर्चा करते हैं, मूल कारण पर नहीं। असली प्रश्न यह नहीं कि जीवन कैसा है, बल्कि यह है कि हमारी सोच कैसी है, और उससे भी अधिक महत्वपूर्ण यह कि सोच बनती कहाँ से है।

मेरे अनुसार सोच का एक स्वाभाविक और क्रमबद्ध विज्ञान है –
सोच → शब्द → वाक्य → कर्म → भाग्य
मन में उठने वाला विचार (सोच) शब्दों का रूप लेता है। शब्द से शब्द जुड़ जाते हैं और वाक्य बनता है। वाक्य दोहराए जाते हैं तब वह कार्य बनते हैं। हमारे द्वारा किए गए कार्य ही कर्म होते हैं और यही कर्म धीरे-धीरे हमारे भाग्य का निर्माण करते हैं। इसीलिए यह कहा जाता है कि भाग्य कोई अचानक घटने वाली घटना नहीं, बल्कि हमारी लगातार पाली गई सोच का परिणाम है। पर सोच अपने आप नहीं बनती।

सोच के पीछे चार प्रमुख स्रोत काम करते हैं:
पहला - हम क्या देखते हैं। आज के युग में मोबाइल, वीडियो और डिजिटल कंटेंट हमारे मन पर सबसे तेज़ प्रभाव डालते हैं।

दूसरा - हम क्या सुनते हैं। किसकी बातें, किसका ज्ञान और किसकी सलाह हमारे भीतर प्रवेश कर रही है, यह हमारी सोच को आकार देता है।

तीसरा - हम किन लोगों के साथ रहते हैं। हमारे आसपास का परिवेश, हमारे अपनों एवं हमारे मित्रों की संगत का प्रभाव सबसे गहरा होता है।

और **चौथा** - हमारा अपना विवेक, जो सही और गलत के बीच अंतर करने की क्षमता देता है।

शास्त्रों में स्पष्ट कहा गया है - "बिन सत्संग विवेक न होई।"
गलत संगत सोच को संकीर्ण बनाती है, वहीं सही संगत सोच को विस्तार देती है, दृष्टि को व्यापक बनाती है और जीवन को ऊँचाई देती है।

सोच को यदि एक बीज माना जाए, तो यह तुलना पूरी तरह सटीक बैठती है। यदि कोई बीज बो दिया जाए और उसकी देखभाल न की जाए, तो वह सूख जाता है। लेकिन यदि उसे समय पर पानी मिले, पर्याप्त धूप मिले और धैर्य रखा जाए, तो वही बीज एक विशाल वृक्ष बन जाता है। ठीक उसी तरह सोच भी एक बीज है। यदि उसे निरंतर ध्यान, अनुशासन और सकारात्मकता

से सींचा जाए, तो वह पूरे जीवन को बदलने की क्षमता रखती है।

इसके विपरीत, गलत सोच के परिणाम बहुत भयावह हो सकते हैं। कई बार हम यह मान लेते हैं कि केवल सोचने से क्या बिगड़ जाएगा, जब तक कोई काम न किया जाए। लेकिन सच यह है कि सोच ही आगे चलकर कर्म बनती है।

इसे एक सच्ची घटना से समझा जा सकता है -
कोटा में पढ़ने गया एक छात्र इसका जीवंत उदाहरण है। वह जिस होस्टल में रहता था, उसके कमरे की खिड़की से सामने एक महिला का घर साफ दिखाई देता था। उस घर में रोज़ लोग आते-जाते थे और वहाँ होने वाली हर बातचीत और हर घटना उस छात्र को साफ-साफ सुनाई देती थी। वह महिला लोगों की वस्तुएँ अपने पास गिरवी रखकर उन्हें ब्याज पर पैसे देती थी।

अक्सर ऐसा होता कि जब कोई व्यक्ति समय पर पैसे नहीं चुका पाता और अपनी वस्तु वापस माँगने आता, तो वह महिला उसे अपशब्द कहती। उस महिला के पाले हुए गुंडे ऐसे लोगों को मारते-पीटते। यह सब उस छात्र ने कई बार देखा और सुना था। वह किसी से इस बारे में कुछ बोलता नहीं था, लेकिन उसके मन में उस

महिला के प्रति बार-बार हिंसक विचार आते थे। वह सोचता कि अगर इस महिला मे कभी मेरे साथ ऐसा कुछ किया तो मैं उसे जान से मार दूंगा। उसने कभी अपने विचार किसी से साझा नहीं किए, न ही कभी किसी को नुकसान पहुँचाने की योजना बनाई। वह केवल ऐसा सोचता था।

समय बीतता गया और परिस्थितियाँ बदल गईं। उस छात्र के घर की आर्थिक स्थिति बिगड़ गई और वह दो महीने का होस्टल का किराया नहीं भर पाया। होस्टल के मैनेजर ने उसे किराया न देने पर नोटिस दे दिया। मजबूरी में उसने सोचा कि क्यों न कुछ पैसे ब्याज पर उधार ले लिए जाएँ। और अनजाने में वह उसी महिला के पास पहुँच गया, जिसे वह वर्षों से दूसरों को दुःख देते हुए देखता आया था और किसी से न कहते हुए उसने मन ही मन उस महिला के प्रति नफरत जमा कर रखी थी।

छात्र के पैसे मांगने पर उस ब्याज पर पैसे देने वाली महिला ने पूछा, "तुम्हारे पास गिरवी रखने के लिए कोई चीज़ है?" यह सुनकर लड़के ने जेब से हाथ में पहनने वाली एक सुंदर घड़ी निकालकर महिला को दे दी। शाम का समय था, रोशनी कम थी। इसलिए घड़ी को जाँचने के लिए महिला ने अपने पास वाली एक खिड़की की तरफ मुहं किया और घड़ी को ध्यान से

देखने लगी। उसी क्षण, न जाने कैसे, उस लड़के ने अचानक महिला का गला दोनों हाथों से जोर से पकड़ लिया और उसने उस महिला को तब तक नहीं छोड़ा, जब तक उस महिला की मृत्यु नहीं हो गई। यह सब इतने अचानक हुआ की कोई कुछ समझ ही नहीं पाया।

यह हत्या किसी दुश्मनी में नहीं हुई थी। न कोई योजना थी, न कोई तात्कालिक झगड़ा। यह केवल वर्षों से मन में पाली गई नकारात्मक और हिंसक सोच का परिणाम था, जो उस क्षण कर्म बन गई। जिस ताकत से उस छात्र ने महिला का गला दबाया, वह उसकी भीतर जमा हुई सोच की ताकत थी।

यह घटना हमें एक गहरी सीख देती है - सोच कभी नष्ट नहीं होती। वह आज प्रकट न हो, तो भी भीतर जमा रहती है। और जब अवसर मिलता है, तो वही सोच हमारी वास्तविकता बन जाती है। इसलिए अपने विचारों को हल्के में लेना सबसे बड़ी भूल हो सकती है। क्योंकि जैसा हम बार-बार सोचते हैं, वैसा ही एक दिन बन जाते हैं।

इसलिए यह समझना अत्यंत आवश्यक है कि हम क्या सोच रहे हैं, उससे भी अधिक महत्वपूर्ण है कि हम किस सोच को बार-बार पाल रहे हैं। क्योंकि जो सोच

हम पोषित करते हैं, वही भविष्य में हमारी पहचान बनती है। अंततः जीवन का सुधार बाहरी परिस्थितियों से नहीं, बल्कि आंतरिक सोच के शुद्धिकरण से होता है। यदि सोच सही दिशा में है, तो शब्द, वाक्य, कर्म और भाग्य - चारों अपने आप सही मार्ग पर चलने लगते हैं। यही सोच का विज्ञान है, और यहीं से जीवन की वास्तविक शुरुआत होती है।

सार वाक्य - सोच ही शब्द, कर्म और अंततः भाग्य का निर्माण करती है, इसलिए सोच को हल्के में लेना बड़ी भूल बन सकती है।

जो विचार हमारे मन में बार-बार पोषित होते रहते हैं, वही एक दिन हमारी पहचान और हमारी ज़िंदगी की दिशा तय करते हैं।

अध्याय 17: सफलता क्या है?

मेरे लिए सफलता क्या है -

मैंने जीवन में सफलता को कभी सिर्फ़ पैसों, गाड़ियों या बड़े नामों से नहीं आँका। अगर ऐसा होता, तो शायद मैं बहुत पहले ही खुद को सफल मान लेता। लेकिन मेरे भीतर एक आवाज़ हमेशा मुझसे यह पूछती रही - क्या जो कर रहा हूँ, वह सही है? क्या मैं रात को शांति से सो पा रहा हूँ? क्या सुबह आईने में खुद से नज़र मिला पा रहा हूँ? मेरे लिए सफलता यहीं से शुरू होती है।

मेरे अनुसार सफलता एक स्थिति नहीं, एक प्रक्रिया है। यह कोई मंज़िल नहीं, बल्कि रोज़ जीवन जीने का चुनाव है - सही और ग़लत के बीच। कई बार सही रास्ता आसान नहीं होता, लेकिन वही रास्ता अंत में सुकून देता है। मैंने अपने जीवन में अपने परिवार से यह सीखा है कि अगर निर्णय लेने से पहले मन भारी लग रहा है, तो शायद उस निर्णय में कहीं न कहीं स्वार्थ छिपा है। और जहाँ स्वार्थ हावी हो जाए, वहाँ सफलता दिखाई तो देती है पर टिकती नहीं है।

मैंने यह भी सीखा है कि सच्ची सफलता शोर नहीं मचाती। जो काम दिखावे के लिए किया जाए, वह

भीतर से खोखला होता है। भलाई अगर करनी है, तो चुपचाप करना चाहिए।

धन से साथी तो मिल सकते हैं, लेकिन सच्चे मित्र नहीं। धन से बहुत आरामदायक बिस्तर तो खरीदा जा सकता है, लेकिन सुकून की नींद नहीं। इसलिए मेरा मानना है कि सच्ची सफलता सच्चे मित्रों में और सुकून भरी नींद में होती है।

मेरे लिए सफलता का मतलब है भरोसा। भरोसा चाहे अपनों का हो, अपने मित्रों का हो या ग्राहक का हो, हर तरह का भरोसा हमारी सफलता हो अंकित करता है। भरोसा जिसमें एक व्यक्ति मुझसे सच सुनना चाहता है, मीठा झूठ नहीं। मैंने हमेशा कोशिश की है कि किसी भी मामले को पहले समझ लूँ, जान लूँ तब ही सलाह दूँ। मेरे लिए सही या गलत जाने बिना किसी बात का पूरा होना जरुरी नहीं बल्कि सही बात का पूरा होना जरुरी है। मेरे लिए सफलता यह नहीं कि सौदा तुरंत हो जाए, बल्कि यह है कि सौदा सही हो। जिसमें लेन-देन वाले व्यक्तियों को किसी प्रकार का कोई भी नुकसान सहन ना करना पड़े।

मैं यह भी मानता हूँ कि सफलता अकेले नहीं आती। मेरी टीम, मेरे साथी, मेरे शुभचिंतक ये सब इस यात्रा का हिस्सा हैं। अगर मेरा विकास सिर्फ़ मेरा है और मेरे

आसपास के लोग पीछे रह जाते हैं, तो वह विकास अधूरा है। मेरे लिए सफलता वह है, जिसमें साथ चलने वाले भी आगे बढ़ें, सीखें और आत्मसम्मान के साथ खड़े हों।

मैंने यह भी जाना है कि हर दिन सफल नहीं होता। कई दिन असफलताओं से भरे होते हैं, गलतियाँ होती हैं, नुकसान होता है। लेकिन अगर उस दिन भी मैंने अपनी नीयत नहीं बदली, तो मैं खुद को सफल मानता हूँ। मेरे लिए वह दिन असफलता का दिन होगा, जिस दिन मैं अपने सिद्धांतों से समझौता कर लूँगा।

अंत में, मेरे लिए सफलता किसी पुरस्कार, किसी मंच या किसी पहचान का नाम नहीं है। सफलता वह दिन है, जब कोई परिवार अपने पहले घर के लिए जमीन का मालिक बने या अपने पहले घर की चाबी हाथ में लेकर मुस्कुराता है। जब कोई बुज़ुर्ग आशीर्वाद देता है। जब कोई ग्राहक सालों बाद भी कहता है-आपने सही सलाह दी थी।

अगर मेरा काम किसी के जीवन में स्थिरता, सुरक्षा और विश्वास ला पाया, तो मैं खुद को सफल मानता हूँ। और मैं हर उस व्यक्ति को सफल मानता हूँ जो अपने भीतर की आवाज़ के अनुरूप अपने जीवन को चला पा रहा है जैसे - यदि एक चित्रकार सुंदर चित्र बना पा

रहा है, एक संगीतकार सुंदर संगीत दे पा रहा है और एक सिविल इंजिनियर सुंदर इमारतों का निर्माण कर पा रहा है तो ये सभी अपना जीवन सफलतापूर्वक जी रहे हैं। बाकी सब सिर्फ़ आँकड़े हैं।

सार वाक्य - मेरे लिए सफलता धन या पहचान नहीं, बल्कि सही नीयत, शांति की नींद और अपनों व ग्राहकों का भरोसा है। जो अपने सिद्धांतों से समझौता किए बिना दूसरों के जीवन में स्थिरता और विश्वास ला पाए, वही वास्तव में सफल है।

अध्याय 18: अवचेतन मन (Subconscious Mind) – एक अदृश्य संचालक

मैं मानता हूँ कि इंसान की ज़िंदगी का असली संचालन उसके **अवचेतन मन** से होता है। हम जो बोलते हैं, जो देखते हैं, जो सोचते हैं, वह सब चेतन मन का हिस्सा है। लेकिन हम जो बार-बार करते हैं, जो बिना सोचे हमारे निर्णय बन जाते हैं, जो डर या आत्मविश्वास अचानक उभर आता है, वह अवचेतन मन की भाषा है।

अवचेतन मन तर्क नहीं पूछता। वह सही-गलत पर बहस नहीं करता। वह केवल वही स्वीकार करता है, जो हम उसे बार-बार दिखाते हैं।

मैंने अपने जीवन में यह जाना है कि जैसा मैं अपने भीतर सोचता रहा, वैसा ही मेरे बाहर का संसार बनता गया। जब भीतर कमी की सोच थी, तब अवसर भी कम दिखाई देते थे और जब मैंने भीतर यह बैठा दिया कि **मैं समाधान हूँ, समस्या नहीं** तो परिस्थितियाँ भी सहयोगी बनने लगीं।

अवचेतन मन को शब्दों से नहीं, **अनुभवों से शिक्षा मिलती है**। अगर आप बार-बार असफलता को जीते

हैं, तो अवचेतन मन भी उसे ही सच मान लेता है। और अगर आप अनुशासन, ईमानदारी और निरंतर प्रयास को रोज़मर्रा की आदत बना लेते हैं, तो वही आपकी पहचान बन जाती है।

मैं यह भी मानता हूँ कि अवचेतन मन डर और विश्वास - दोनों का घर है। जो डर हम स्वीकार कर लेते हैं, वह हमारी सीमा बन जाता है। और जिस विश्वास को हम रोज़ कर्म से सींचते हैं, वह हमारी क्षमता बन जाता है।

मैं लक्ष्य लिखने में विश्वास करता हूँ और मैं अपनी **आदतों का भी अवलोकन करता हूँ**। क्योंकि लक्ष्य चेतन मन को प्रेरित करता है, लेकिन आदतें अवचेतन मन को प्रशिक्षित करती हैं।

मेरे लिए सफलता का अर्थ केवल पैसा या पहचान नहीं है। मेरे लिए सफलता वह स्थिति है, जब मेरा अवचेतन मन डर से नहीं, **जिम्मेदारी से निर्णय लेने लगे**।

मैंने यह सीखा है कि अगर भीतर का मन स्पष्ट है, तो बाहर का रास्ता अपने-आप साफ़ होता चला जाता है। और जब अवचेतन मन सही दिशा में चल पड़ता है, तो इंसान को हर दिन खुद को मोटिवेट करने की ज़रूरत नहीं पड़ती, उसका काम ही उसकी ऊर्जा बन जाता है।

रियल एस्टेट की दुनिया को लोग अक्सर काग़ज़, क़ानून, नक़्शे और दामों का खेल मानते हैं। लेकिन मेरे अनुभव में यह उतना बाहर का खेल नहीं है, जितना **मन के अंदर का खेल** है। जब कोई ग्राहक सोचता है - "सब लोग यहाँ प्रॉपर्टी ले रहे हैं, मैं भी ले लेता हूँ" या "सस्ता मिल रहा है, बाद में देखेंगे" तो यह विचार चेतन मन की सोच से नहीं, अवचेतन मन की आदत से निकलता है। रियल एस्टेट में सबसे बड़ी गलती वहीं हो सकती है जहाँ बिना जाँच और बिना जानकारी के केवल भावनाओं में बहकर निर्णय लिया गया हो। मैंने यह कई बार देखा है कि कोई ग्राहक किसी प्रोजेक्ट साइट को देखकर खुश हो जाता है, वह सपने देखने लगता है, और तभी उसका अवचेतन मन बोलने लगता है, "अगर अभी नहीं लिया तो यह मौका हाथ से निकल जाएगा।" यह सही है, लेकिन इसमें सावधानी भी जरुरी है, जाँच भी जरुरी है।

मैं मानता हूँ कि **अवचेतन मन को प्रशिक्षित करना, निवेश से भी ज़्यादा ज़रूरी है**। क्योंकि पैसा एक बार गया तो लौट सकता है, लेकिन गलत आदतें बार-बार नुकसान करवाती हैं।

रियल एस्टेट के दो सबसे बड़े दुश्मन हैं - डर और लालच। दोनों ही अवचेतन मन से निकलते हैं। और कई बार दोनों ही गलत दिशा में ले जाते हैं। डर के कारण एक व्यक्ति निर्णय ही नहीं ले पाता है और

लालच के कारण सही और गलत में फर्क नहीं कर पाता है।

अवचेतन मन भाषण नहीं समझता,वह **अनुशासन समझता है**। जब कोई व्यक्ति बार-बार सही प्रक्रिया अपनाता है, तो धीरे-धीरे उसका अवचेतन मन भी सुरक्षित निर्णय लेने लगता है।

यही कारण है कि -रियल एस्टेट में सफल लोग भाग्यशाली नहीं होते, वे **मानसिक रूप से प्रशिक्षित** होते हैं। मेरे लिए रियल एस्टेट केवल संपत्ति बनाने का साधन नहीं है, यह **सोच बनाने की प्रयोगशाला** है। मैं यही मानता हूँ कि **रियल एस्टेट बाहर ज़मीन पर नहीं, सबसे पहले भीतर मन में बनता है।**

अंततः मेरा विश्वास यही है कि **अवचेतन मन बदले बिना, जीवन नहीं बदलता।** और जो व्यक्ति अपने भीतर काम करना सीख लेता है, वही बाहर की दुनिया में स्थायी निर्माण कर पाता है।

सार वाक्य - जीवन और निर्णयों की असली दिशा अवचेतन मन तय करता है, जिसे शब्द नहीं बल्कि आदतों, अनुभव और अनुशासन से बल मिलता हैं।

रियल एस्टेट हो या जीवन - जब अवचेतन मन डर और लालच से मुक्त होकर जिम्मेदारी से सोचने लगे, तभी स्थायी सफलता और सही निर्माण संभव होता है।

अध्याय 19: पाठकों के लिए संदेश

यह किताब केवल रियल एस्टेट की कहानी नहीं है, बल्कि एक साधारण व्यक्ति के अपनी सोच के अनुसार सही दिशा में आगे बढ़ते हुए असाधारण बनने की यात्रा है। यह उस सोच की कहानी है जो परिस्थितियों से हार नहीं मानती और उस मेहनत की कहानी है जो बिना शोर किए परिणाम देती है। लेखक यह स्पष्ट करता है कि सफलता कोई एक दिन की घटना नहीं, बल्कि रोज़ लिए गए छोटे-छोटे सही निर्णयों का परिणाम होती है।

लेखक इस किताब में बताता है कि यदि रियल एस्टेट के क्षेत्र में ईमानदारी से काम किया जाए, तो यही क्षेत्र विश्वास, सम्मान और स्थायित्व का माध्यम बन सकता है। इस किताब का एक मजबूत संदेश यह है कि "जो प्रॉपर्टी आप खुद नहीं खरीद सकते, वह किसी और को मत बेचिए।" यह केवल व्यापार का नियम नहीं, बल्कि नैतिक जिम्मेदारी है।

आज के समय में रियल एस्टेट केवल जमीन या मकान बेचने तक सीमित नहीं है। डिजिटल मार्केटिंग, सोशल मीडिया, टेक्नोलॉजी, प्रोजेक्ट मैनेजमेंट, कंटेंट क्रिएशन और एजुकेशन जैसे कई नए अवसर इस क्षेत्र से जुड़े हुए हैं। कोई व्यक्ति कम पूँजी से भी सही दिशा

में शुरुआत कर सकता है, यदि उसे सही मार्गदर्शन मिले।

किताब का एक बड़ा हिस्सा सोच पर केंद्रित है। लेखक ने स्पष्ट किया है कि सोच अपने आप नहीं बनती। हम जो देखते हैं, जो सुनते हैं, जिन लोगों के साथ रहते हैं और हमारा विवेक - ये चारों चीजें साथ मिलकर हमारी सोच बनाती हैं। गलत संगत, गलत धारणाएँ हमारी सोच को संकीर्ण बनाती है, जबकि सही संगत हमारी सही सोच को ऊँचाई देती है। सोच को लेखक एक बीज की तरह मानता है, जिसे यदि सही समय पर पानी, धैर्य और अनुशासन मिले, तो वह विशाल वृक्ष बन सकती है।

संस्कार इस किताब की रीढ़ हैं। लेखक का मानना है कि जब व्यक्ति अचानक सफलता और भौतिक सुविधाएँ पा लेता है, तब उसके सामने दो रास्ते होते हैं - या तो वह भौतिक सुख-सुविधाओं के उपभोग में गलत संगत में पड़कर भटक जाए, या अपने संस्कारों को ढाल बनाकर आगे बढ़ता रहे। लेखक स्वीकार करता है कि उसके जीवन में संस्कारों ने उसे संभाले रखा और वही उसकी असली ताकत बने। संस्कारों के बिना जीवन का अर्थ पाना बहुत कठिन बन जाता है और जब तक व्यक्ति में संस्कार, आदर-सम्मान,

कृतज्ञता और ईमानदारी का भाव न हो वह सच्ची सफलता तक नहीं पहुँच सकता।

स्वास्थ्य और जीवनशैली पर भी इस किताब में सरल लेकिन महत्वपूर्ण बातें कही गई हैं। नियमित व्यायाम, सादा भोजन, घर का खाना और पूरी नींद - ये सब सफल जीवन की नींव हैं। लेखक यह भी सिखाता है कि हर गलती पर लड़ना जरूरी नहीं। पहली गलती माफ की जा सकती है, लेकिन बार-बार गलती करने वालों से दूरी बनाना ही ठीक है।

यह किताब स्पष्ट करती है कि पैसा खत्म होना असफलता नहीं है, लेकिन ऊर्जा और आत्मविश्वास खत्म होना असली असफलता है। लेखक मानता है कि यदि अनुभव साथ हो, तो इंसान शून्य से भी दोबारा खड़ा हो सकता है। यही सोच उसे बार-बार गिरकर संभलने की ताकत देती है।

अध्यात्म इस किताब का एक महत्वपूर्ण आधार है। यह किताब यह नहीं कहती कि जंगल जाकर तपस्या करनी चाहिए, बल्कि यह सिखाती है कि ईमानदारी से किया गया काम ही सच्ची पूजा है। जब व्यापार अध्यात्म से जुड़ता है, तो वह केवल लाभ का साधन नहीं रहता, बल्कि सेवा और जिम्मेदारी बन जाता है।

हार, प्रतीक्षा और संघर्ष को लेखक कमजोरी नहीं, बल्कि सीख मानता है।

किताब के अंत में लेखक स्पष्ट करता है कि सफलता कोई मंज़िल नहीं, बल्कि एक लगातार चलने वाली प्रक्रिया है। रियल एस्टेट उसके लिए केवल व्यवसाय नहीं, बल्कि जिम्मेदारी है। Real Maker केवल एक ब्रांड नहीं, बल्कि विश्वास पर खड़ा एक विचार है। लेखक मानता है कि इंसान की असली पहचान उसके सौदों से नहीं, उसके संस्कारों से होती है।

यह किताब उन सभी लोगों के लिए है जो जीवन में कुछ बेहतर करना चाहते हैं - चाहे वे रियल एस्टेट में हों या किसी अन्य क्षेत्र में। यदि यह किताब किसी एक व्यक्ति को भी सही दिशा दिखा दे, तो यही इस किताब और इस किताब के लेखक की सच्ची सफलता है। और अगर पाठक के भीतर यह भाव जाग जाए कि "मैं भी कुछ कर सकता हूँ," तो समझ लेना चाहिए कि उसके भीतर **उड़ान की जिद** जन्म ले चुकी है।
तब हम समझ सकते हैं कि इस किताब का उद्देश्य पूरा हो गया।

आपकी उड़ान आपकी अपनी है—
बस ज़रूरत है **उड़ान की जिद** को ज़िंदा रखने की।

सार वाक्य - यह किताब रियल एस्टेट से आगे बढ़कर सही सोच, संस्कार, ईमानदारी और छोटे-छोटे सही निर्णयों से असाधारण बनने की यात्रा का संदेश देती है।

यह सिखाती है कि सच्ची सफलता पैसा या बड़े सौदे नहीं, बल्कि जिम्मेदारी, विश्वास और भीतर जागी "उड़ान की जिद" से बनती है।

आभार

यह किताब सिर्फ़ मेरी कहानी नहीं है। यह उन सभी लोगों की कहानी है, जिनके बिना यह सफ़र अधूरा रह जाता। इसलिए इस अध्याय में मैं दिल से उन सभी का आभार व्यक्त करता हूँ, जिन्होंने प्रत्यक्ष या अप्रत्यक्ष रूप से मेरी ज़िंदगी और मेरे विज़न को आकार दिया।

माता-पिता : मेरे संस्कारों की पहली पाठशाला बने।

सबसे पहला और सबसे गहरा आभार मेरे माता-पिता को जाता है। उन्होंने मुझे केवल जन्म ही नहीं दिया, बल्कि संघर्ष में टिके रहना, ईमानदारी से जीना, और हालात चाहे जैसे हों - कभी झुकना नहीं, यह सब सिखाया। सीमित साधनों में भी उन्होंने बड़े सपने देखने की आज़ादी दी। उनका विश्वास मेरी सबसे बड़ी पूँजी रहा। अगर आज मैं कुछ बेहतर सोच पाता हूँ, जो कुछ बना पाया हूँ, तो उसकी जड़ें मेरे माता-पिता के दिए संस्कारों में हैं।

शिक्षक : दिशा दिखाने वाले दीपक की तरह हैं - मेरे सभी गुरुओं और शिक्षकों को मेरा नमन।

मेरे शिक्षकों ने मुझे सिर्फ़ किताबों का ज्ञान नहीं दिया, बल्कि मुझे सोचने और समझने की सही दृष्टि भी दी।

गलतियों से सीखने का साहस सिखाया और यह समझाया कि सफलता डिग्री से नहीं, दृष्टिकोण और अनुशासन से आती है।

उनकी सीख आज भी हर फैसले में मेरे साथ चलती है।

इंदौर शहर में ग्राहक : भरोसे की नींव -
इंदौर - यह सिर्फ़ एक शहर नहीं है, यह मेरी कर्मभूमि है। यहाँ के लोगों ने मुझ पर भरोसा किया, जब मेरे पास नाम नहीं था, जब ब्रांड नया था, और जब सफ़र की शुरुआत थी। मैं इस शहर के हर उस प्लाट खरीददार का दिल से आभारी हूँ जिन्होंने हम पर भरोसा किया, जिन्होंने हमें सिर्फ़ कंपनी नहीं माना, बल्कि एक भरोसेमंद साथी समझा।

आपका विश्वास ही RealMaker की असली पहचान है।
मेंटर्स, टीम और साथ चलने वाले लोग - इस यात्रा में कई ऐसे लोग मिले जिन्होंने सही समय पर सही सलाह दी। मेरे सभी मेंटर्स का आभार, जिन्होंने अनुभव बाँटा, गलतियों पर टोका और आगे बढ़ने का हौसला दिया।

मेरी टीम - जो सिर्फ़ टीम मेम्बर नहीं, बल्कि इस विज़न के सच्चे योद्धा हैं। आपकी मेहनत, समर्पण और

विश्वास के बिना यह सफ़र संभव नहीं था। हमने साथ में सीखा, साथ में संघर्ष किए और साथ में आगे बढ़े।

मेरे अनुभव: एक विनम्र स्वीकार - यह किताब किसी उपलब्धि का अंत नहीं है। यह सिर्फ़ एक पड़ाव है। मैंने गलतियाँ की हैं, असफलताएँ देखी हैं, और कई बार खुद पर भी शक किया है। लेकिन हर अनुभव ने मुझे मजबूत बनाया। मैं आज जो भी हूँ, वो इन्हीं अनुभवों की वजह से हूँ। यह यात्रा सिखाती है कि सफलता कभी अचानक नहीं आती, वो रोज़ के छोटे-छोटे सही फैसलों से बनती है।

अंत में: मेरा विज़न - मेरा सपना सिर्फ़ एक कंपनी खड़ी करना नहीं है। मेरा विज़न उससे कहीं बड़ा है। ईमानदारी, प्रोफेशनलिज़्म और भरोसे पर आधारित एक ऐसा प्लेटफ़ॉर्म तैयार करना, जहाँ लोगों के सपने सिर्फ़ देखे नहीं जाएँ, बल्कि सच होते नज़र आएँ।

मैं चाहता हूँ कि इस प्लेटफ़ॉर्म से कई लोग अपना रोज़गार बनाएं, कई लोग अपने बिज़नेस की शुरुआत करें, कई उद्यमी, इन्वेस्टर और बिल्डर हमारे साथ जुड़कर अपने सपनों को एक नई उड़ान दें।

मैं खुद एक बहुत छोटी सी जगह से निकलकर इस मुकाम तक पहुँचा हूँ। मध्य प्रदेश, खासकर इंदौर के

लोगों ने मुझे जो विश्वास, सहयोग और अपनापन दिया, उसी की बदौलत आज यह सफलता का परचम लहरा रहा है।

अब यह परचम सिर्फ़ एमपी तक सीमित नहीं रहेगा। हम इसे पूरे हिंदुस्तान में, और फिर पूरे विश्व में ले जाने का सपना देखते हैं। मैं आप सभी को आमंत्रित करता हूँ - आइए, हमारे इस विज़न के साथ जुड़िए -

चाहे ग्राहक बनकर,
टीम मेंबर बनकर,
पार्टनर बनकर या
इन्वेस्टर बनकर।

RealMaker में हर उस व्यक्ति का स्वागत है जो ईमानदारी से आगे बढ़ना चाहता है, जो रियल एस्टेट में अपना बड़ा मुकाम देखना चाहता है, और जो सिर्फ़ अपने लिए नहीं, दूसरों के सपनों के लिए भी काम करना चाहता है।

हमने एक ऐसा प्लेटफ़ॉर्म बनाया है जिस पर चलकर कई लोगों की ज़िंदगी बदली है, बदल रही है और आगे भी बदलेंगी। इस मंच से कई परिवारों के सपने पूरे हुए हैं, पूरे हो रहे हैं और आगे भी आने वाले समय में कई लोगों के अनगिनत सपने साकार होंगे। यहाँ कई

खुबसूरत कहानियाँ बन चुकी हैं, यह सफ़र अभी जरी है जहाँ हर दिन नई, प्रेरक और सुंदर कहानियाँ बनेंगी।

इस किताब को इतना प्यार, विश्वास और सम्मान देने के लिए मैं तहे दिल से आपका आभार व्यक्त करता हूँ।

आइए, साथ चलें और 2030 तक RealMaker को एक बहुत बड़ी, भरोसेमंद और देश की पहचान बनाने वाली कंपनी बनाएं।

आप सभी का हर रूप में RealMaker में हार्दिक स्वागत है।

दिल से धन्यवाद उन सभी को जो इस सफ़र का हिस्सा रहे हैं और आगे हिस्सेदार बनने वाले हैं।

सार वाक्य - यह अध्याय कृतज्ञता, संस्कार और सामूहिक विश्वास की कहानी है, जहाँ माता-पिता, गुरु, ग्राहक, टीम और अनुभव - सब मिलकर इस यात्रा को अर्थ देते हैं। Real Maker यहाँ एक कंपनी नहीं, बल्कि ईमानदारी और सपनों पर खड़ा वह साझा विज़न है, जो साथ चलने वालों की ज़िंदगी बदलने का संकल्प करता है।

पुस्तक परिचय:

'उड़ान की जिद' केवल एक वाक्य नहीं, बल्कि जीवन जीने का एक सशक्त दृष्टिकोण है। यह पुस्तक उस जिद की कहानी कहती है, जो हठ नहीं, बल्कि अपने सपनों पर अडिग विश्वास है—बार-बार असफल होने के बाद भी आगे बढ़ते रहने की ताकत।

यह किताब सिखाती है कि जिद वही ऊर्जा है, जो कठिन रास्तों, टूटते भरोसे और अकेलेपन के बावजूद इंसान को रुकने नहीं देती। वहीं, उड़ान केवल ऊपर उठने का नाम नहीं, बल्कि डर, सीमाओं और अतीत से ऊपर उठकर अपनी नई दिशा तय करने का साहस है।

जब जिद और उड़ान एक साथ आती हैं, तब साधारण इंसान असाधारण बनता है। यह पुस्तक विशेष रूप से युवाओं, उद्यमियों और उन सभी के लिए है, जो सपने तो देखते हैं, लेकिन उन्हें सच करने की हिम्मत भी रखना चाहते हैं।

लेखक परिचय:

विनय यादव का जीवन संघर्ष, परिश्रम और आत्मविश्वास की प्रेरक कहानी है। मध्य प्रदेश के छतरपुर ज़िले की बड़ामलेहरा तहसील के छोटे से गाँव सेंधखुरी में जन्मे विनय यादव ने सीमित संसाधनों, आर्थिक कठिनाइयों और ग्रामीण चुनौतियों के बीच जीवन को समझा। बचपन से ही खेतों में काम करना, पढ़ाई के साथ जिम्मेदारियाँ निभाना और विपरीत परिस्थितियों में आगे बढ़ते रहना उनके व्यक्तित्व का हिस्सा रहा।

कठिन विषयों का चयन, सीमित साधनों में उच्च शिक्षा और निरंतर प्रयास ने उन्हें आत्मनिर्भर बनाया। आज वे अपने अनुभवों के माध्यम से युवाओं को यह संदेश देते हैं कि सच्ची मेहनत, धैर्य और सकारात्मक सोच से किसी भी परिस्थिति को बदला जा सकता है।